*"Usko tulee saarnasta, mutta itse
saarna Kristuksen käskyn kautta."*
(Room. 10:17)

"Me uskomme, ja siksi puhumme."
(2. Kor. 4:13)

Johdanto

Tämä teos on kokoelma kristillisiä saarnoja vuosilta 2020–2023. Kirjoittaja on itse laatinut jokaisen niistä, ja on myös pitänyt ne Suomen evankelis-luterilaisen kirkon piiriin kuuluvissa jumalanpalveluksissa. Saarnat on julistettu eri seurakunnissa Satakunnan alueella – Luvialla, Eurajoella ja Porissa.

Teoksessa saarnat on luokiteltu kirkkovuoden ajankohtien mukaan. Tämä on tehty siten, että jokaisen saarnan yhteyteen on merkitty kirkkopyhän nimi, tarkka päivämäärä ja evankeliumiteksti, jonka pohjalta se on laadittu. Saarnojen keskinäinen järjestys on laadittu päivämäärien mukaan siten, että uudemmat tulevat ensin.

Teos on tarkoitettu kaikille niille, jotka ovat kiinnostuneita saarnoista ja niiden laatimisesta. Jokainen saarna on aina tekijänsä näköinen, mutta niiden tavoite on sama: tehdä Jumalan sana eläväksi nykypäivän ihmisille. Juuri tähän teoksen kirjoittaja on saarnoillaan pyrkinyt. Miten hyvin tämä tavoite on toteutunut, lukija arvioikoon ja ratkaiskoon sen omakohtaisesti.

Kustantaja: BoD – Books on Demand, Helsinki, Suomi
Valmistaja: BoD – Books on Demand, Norderstedt, Saksa
ISBN: 978-952-33-0420-8

Kirkkopyhien saarnat   sivu

Laskiaissunnuntai 19.2.2023
Teksti: Joh. 12:25–33

"*Armo teille ja rauha Jumalalta, meidän Isältämme, ja Herralta Jeesukselta Kristukselta!*" (1. Kor. 1:3). "*Hän on meidän syntiemme sovittaja, eikä vain meidän vaan koko maailman.*" (1. Joh. 2:2). Tällä tavoin apostoli Johannes opettaa seuraajiaan ensimmäisessä kirjeessään, joka on sisällytetty Uuteen testamenttiin. Kyseinen apostoli on myös laatinut päivän evankeliumin, jossa Jeesus puhuu tästä aiheesta sanoessaan: "*Kun minut korotetaan maasta, minä vedän kaikki luokseni.*" (Joh. 12:32). Näiden Jeesuksen sanojen jälkeen evankelista on lisännyt selityksen: "*Näillä sanoilla Jeesus ilmaisi, millainen tulisi olemaan hänen kuolemansa.*" (Joh. 12:33). Lisää selvyyttä asiaan saamme kreikankielisen alkutekstin pohjalta.

Siinä on käytetty verbiä *hypso-oo*, jolla on tässä kaksoismerkitys: se ilmaisee "korottamisen" tai "kunniaan ylentämisen", mutta samalla myös "ylösnostamisen". Siksi Jeesuksen sanat voidaan kääntää myös: "kun minut nostetaan ylös maasta". Aikaisemmin evankeliumissa Jeesus puhui Nikodemos-nimisen fariseuksen kanssa. Siinä Jeesus sanoo: *"Niin kuin Mooses autiomaassa nosti käärmeen korkealle, niin on myös Ihmisen Poika korotettava, jotta jokainen, joka uskoo häneen, saisi iankaikkisen elämän."* (Joh. 3:14–15). Mooses teki pronssikäärmeen ja nosti sen puutangon päälle. Samalla tavoin Jeesus nostettiin ylös maasta ristinpuun päälle.

Miksi näin täytyi tapahtua? Jeesuksen oman todistuksen mukaan sen vuoksi, että hän "vetäisi kaikki luokseen" ja samalla "heittäisi ulos tämän maailman ruhtinaan". Nämä kaksi kuuluvat yhteen, niitä ei voi erottaa toisistaan. Uuteen testamenttiin sisältyvä Heprealaiskirje avaa meille näitä Jeesuksen sanoja syvällisemmin. Kirjeen kirjoittaja sanoo: "*Armollisen Jumalan tahto näet oli, että Jeesuksen oli kärsittävä kuolema jokaisen ihmisen puolesta. Hän sanoo myös: – – Tässä me olemme, minä ja lapset, jotka Jumala minulle antoi. Nämä lapset ovat ihmisiä, lihaa ja verta, ja siksi hänkin tuli ihmiseksi, heidän kaltaisekseen. Siten hän kykeni kuolemallaan riistämään vallan kuoleman valtiaalta, Saatanalta, ja päästämään vapaiksi kaikki, jotka kuoleman pelosta olivat koko ikänsä olleet orjina.*" (Hepr. 2:9,13–15). Näin siis Heprealaiskirjeessä.

Jeesus ja hänen opetuslapsensa viettivät pääsiäistä juutalaiseen tapaan. Silloin muistettiin sitä, miten Jumala toi oman kansansa Israelin vapauteen

Egyptin orjuudesta. Kuitenkin
Jeesuksen työ, joka sai täyttymyksensä
pääsiäisenä, antoi tälle juhlalle
kokonaan uuden merkityksen: Jeesus on
uusi Mooses, joka johtaa kansansa
vapauteen synnin orjuudesta, Saatanan
eli faraon vallan alta. Jeesus on myös se
uhrikaritsa, jonka veri pelastaa
israelilaiset siltä Jumalan tuomiolta,
joka kohtaa Egyptiä, Saatanan
valtakuntaa. Tähän liittyvät päivän
evankeliumissa esiintyvät Jeesuksen
sanat: "Nyt tämä maailma on tuomiolla,
nyt tämän maailman ruhtinas syöstään
vallasta."

Julkisen toimintansa aikana
Jeesus julisti sanomaa Jumalan
valtakunnasta ja teki monia ihmetekoja.
Hän ajoi riivatuista ihmisistä ulos
saastaisia henkiä Jumalan Hengen
voimalla. Jeesuksen karkottamat
demoniset henget olivat Saatanan,
"tämän maailman ruhtinaan" alamaisia.

Näitä Jeesus ajoi ulos ihmisistä osoitukseksi siitä, että Jumala on voimakkaampi kuin Saatana, ja valo on vahvempi kuin pimeys. Päivän evankeliumi sijoittuu pääsiäisen aikaan, Jeesuksen julkisen toiminnan päätösvaiheeseen. Juuri siksi hän puhuu siitä, miten "tämän maailman ruhtinas syöstään vallasta." Alkutekstissä esiintyy tässä kohdassa verbi *ekballoo*, joka sanatarkasti käännettynä merkitsee "ulosheittämistä". Evankeliumeissa tätä verbiä käytetään kuvaamaan sitä, miten Jeesus "heittää ulos" eli "karkottaa" saastaisia henkiä. Vanha kirkkoraamattu kääntää Jeesuksen sanat niin, että "tämän maailman ruhtinas pitää heitettämän ulos." Jeesuksen ristinkuolema kukistaa niin ikään Saatanan, demonien ruhtinaan. Raamatun alussa on kerrottu siitä, miten Saatana käärmeen muodossa vietteli ihmisen lankeamaan syntiin Luojaansa vastaan. Tämän seurauksena Jumala lausui käärmeelle tuomion: *"Ja minä panen vihan sinun ja naisen välille ja sinun sukusi ja hänen sukunsa välille: ihminen on iskevä sinun pääsi murskaksi, ja sinä olet iskevä häntä kantapäähän."* (1. Moos. 3:15). Nämä profeetalliset sanat kävivät toteen, kun Kristus, Ihmisen Poika, kärsi ja kuoli ristinpuussa. Jeesuksen kantapäät lävistettiin nauloilla, kuolemallaan hän iski Saatanan pään murskaksi ikuisiksi ajoiksi.

Rakkaat ystävät, olemme aloittamassa valmistautumista pääsiäiseen, koko kristikunnan suurimpaan juhlaan. Tulevalla viikolla alkaa 40 päivää kestävä paasto. Sen aikana meidän tulee seurata Herran Jeesuksen esikuvaa. *"Neljäkymmentä päivää hän oli autiomaassa Saatanan kiusattavana."* (Mark. 1:13). Samoin on myös meidän kohdallamme tänä päivänä: Saatana kiusaa meitä erilaisten himojen ja viettelysten kautta joka päivä, mutta me saamme hänestä voiton. *"Vastustakaa Paholaista, niin se lakkaa ahdistamasta teitä."* (Jaak. 4:7). Näin teki Herramme ja Vapahtajamme ollessaan 40 päivää autiomaassa; hän vastusti lujasti Saatanaa ja aikansa kiusattuaan tämä jätti hänet rauhaan. Viimeisenä iltana Jeesus lausui opetuslapsilleen: *"Olen puhunut teille tämän, jotta teillä olisi minussa rauha. Maailmassa te olette ahtaalla, mutta pysykää rohkeina: minä olen voittanut maailman."* (Joh. 16:33). Jeesus kehottaa kaikkia opetuslapsiaan olemaan rohkeita, koska hän on voittanut syntisen maailman ja sen pahan ruhtinaan, Saatanan.

Tähän saarnani lopuksi haluan vielä puhua siitä, millä tavoin me voitamme maailman ja sen pahuuden. Vastaus tähän löytyy ensimmäisestä

Johanneksen kirjeestä, jossa apostoli kirjoittaa näin: *"Kaikki, mikä on syntyisin Jumalasta, voittaa maailman. Ja tämä on se voitto, tämä on maailman voittanut: meidän uskomme. Kuka sitten voittaa maailman, ellei se, joka uskoo, että Jeesus on Jumalan Poika?"* (1. Joh. 5:4–5). Näistä apostolisista sanoista havaitsemme, että yksin usko Jumalaan ja Kristukseen tuo meille voiton Saatanasta. *"Sydämen usko tuo vanhurskauden, suun tunnustus pelastuksen."* (Room. 10:10). Aamen.

Uudenvuodenpäivä 1.1.2023
Teksti: Joh. 14:12–14

*"Armo teille ja rauha Jumalalta,
meidän Isältämme, ja Herralta
Jeesukselta Kristukselta!"* (1. Kor. 1:3).
*"Pyytäkää, niin teille annetaan.
Etsikää, niin te löydätte. Kolkuttakaa,
niin teille avataan. Sillä pyytävä saa,
etsijä löytää, ja jokaiselle, joka
kolkuttaa, avataan."* (Luuk. 11:9–10).
Näillä sanoilla Herramme Jeesus
Kristus kehottaa oppilaitaan
rukoilemaan Jumalaa ja pyytämään
hänen hyviä lahjojaan – kuten
evankelista Luukas asian esittää. Päivän
evankeliumi, joka on evankelista
Johannekselta, pitää sisällään saman
opetuksen. Siinä on myös kerrottu, että
on rukoiltava Jeesuksen nimessä.

Nämä Jeesuksen sanat on
osoitettu kaikille hänen seuraajilleen –
myös meille tässä ja nyt. Mitä sitten

meidän tulisi rukouksessa pyytää Jumalalta? Jeesus kehottaa meitä pyytämään mitä tahansa. Jos arkielämässä isä antaa lapselleen luvan pyytää mitä tahansa, mitä luulette lapsen pyytävän? Eikö juuri sitä kaikkein parasta lahjaa, mitä kukaan voi saada? Evankelista Luukas kertoo meille siitä, miten Jeesus päättää opetuksensa näin: *"Jos kerran te pahat ihmiset osaatte antaa lapsillenne kaikenlaista hyvää, niin totta kai teidän Isänne paljon ennemmin antaa taivaasta Pyhän Hengen niille, jotka sitä häneltä pyytävät."* (Luuk. 11:13). Näiden Jeesuksen sanojen perusteella voidaan todeta, että Pyhä Henki on paras lahja minkä Isä Jumala voi antaa meille, hänen rakkaille lapsilleen. Jos meillä on oikeus pyytää tätä lahjaa, miksi emme niin tekisi?

Päivän evankeliumissa Jeesus puhuu myös siitä, miten hän menee

taivaallisen Isänsä luo.
Uskontunnustuksessa tämä on ilmaistu
sanoilla "*astui ylös taivaisiin*". Hän
palasi takaisin Isänsä ja Jumalansa luo,
siihen taivaallisen Logoksen
kirkkauteen, joka hänellä oli ollut jo
ennen maailman luomista. Kuitenkin
tämä oli myös suuri ilo kaikille niille,
jotka uskovat Jeesukseen. Evankelista
Johannes ilmaisee tämän näillä
Jeesuksen sanoilla: "*Mutta nyt minä
menen hänen luokseen, joka on minut
lähettänyt. Kukaan teistä ei kysy
minulta, minne minä menen, vaan
sydämenne on täynnä murhetta sen
johdosta, mitä teille sanoin. Mutta minä
sanon teille totuuden: teille on
hyödyksi, että minä menen pois. Ellen
mene, ei Puolustaja voi tulla luoksenne.
Mutta mentyäni pois minä lähetän
hänet luoksenne.*" (Joh. 16:5–7). Tämä
Jeesuksen mainitsema "Puolustaja",
kreikaksi *Parakleetos*, on Jumalan Pyhä

Henki, Totuuden Henki. Kun Jeesus on ensin astunut taivaalliseen kirkkauteensa, Pyhä Henki voi tulla hänen opetuslastensa luo. Evankelista Johannes kertoo meille Jeesuksen toiminnasta juutalaisten lehtimajanjuhlassa: *"Juhlan suurena päätöspäivänä Jeesus nousi puhumaan ja huusi kovalla äänellä: "Jos jonkun on jano, tulkoon minun luokseni ja juokoon! Joka uskoo minuun, 'hänen sisimmästään kumpuavat elävän veden virrat', niin kuin kirjoituksissa sanotaan." Tällä Jeesus tarkoitti Henkeä, jonka häneen uskovat tulisivat saamaan. Vielä ei Henki ollut tullut, koska Jeesusta ei vielä ollut kirkastettu."* (Joh. 7:37–39).

Jeesuksen lupaus Pyhästä Hengestä, Jumalan lahjasta, sai täyttymyksensä helluntaipäivänä. Silloin opetuslapsiin vuodatettiin taivaasta Jumalan Henki, joka antoi heille voimaa ja rohkeutta todistaa. Pyhän Hengen voimalla Pietari todisti Israelin kansalle Jeesuksesta näin sanoin: *"Tämän Jeesuksen on Jumala herättänyt kuolleista; me kaikki olemme sen todistajia. Jumala on korottanut hänet oikealle puolelleen, ja hän on ottanut vastaan Isän lupaaman Pyhän Hengen lahjan ja vuodattanut sen, niin kuin te voitte nähdä ja kuulla."* (Ap. t. 2:32–33). Opetuslapset olivat rukoilleet Jeesuksen nimessä ja pyytäneet häntä lähettämään Puolustajan, Totuuden Hengen, joka heille oli luvattu. Kristus kuuli opetuslapsiaan ja vuodatti heihin Pyhän Hengen – aivan kuten oli heille sanonut.

Helluntaipäivänä opetuslapset saivat vastaanottaa kaikkein parhaimman lahjan, jota he saattoivat Jumalalta pyytää. Sama on asianlaita myös meidän kohdallamme: Pyhä Henki synnyttää meissä uskon Jumalaan

ja Kristukseen, johdattaa meidät
Jumalan tahdon mukaiseen elämään, tuo
meille Jeesuksen tosi ruumiin ja tosi
veren ehtoollisen sakramentissa, välittää
meille Jumalan ihmeellisen armon
kasteen sakramentissa, varjelee meidät
uskossa päiviemme loppuun asti ja
aikojen lopussa kerran herättää meidät
uuteen elämään ruumiimme
ylösnousemuksessa. Kun meillä on
Pyhän Hengen lahja, emme enää kaipaa
muuta, koska tämän lahjan rinnalla
kaikki muut lahjat kalpenevat. Pyhässä
Hengessä Jumala lahjoittaa meille oman
itsensä, koko olemuksensa – kuinka siis
osaisimme pyytää vielä enempää!

Rakkaat ystävät, Jumala kehottaa
meitä Raamatun sanassa rukoillen
pyytämään häneltä Pyhän Hengen
lahjaa. Jos me tätä Jumalan sanaa
noudatamme, meidän on tuotava
rukouksemme Jumalan eteen hänen
rakkaan Poikansa nimessä. Silloin

taivaallinen Isämme kuulee meitä aina. Johanneksen evankeliumissa Jeesus käy keskustelun samarialaisen naisen kanssa Sykarin kaivolla. Siinä puhutaan Pyhästä Hengestä, joka on "Jumalan lahja", "elävää vettä", jota yksin Jeesus antaa. Tässä yhteydessä Herramme lausuu naiselle, että *"Jumala on Henki, joten häntä on palvottava Hengessä ja totuudessa."* (Joh. 4:24). Tästä me opimme, että oikea ja aito jumalanpalvelus on mahdollista vain jos se tapahtuu Jumalan Hengen voimalla. Henki on Jumalan olemus, josta hän on tehnyt myös meidät osallisiksi. Näin on käynyt toteen Jeesuksen lupaus opetus-lapsilleen: *"En minä jätä teitä orvoiksi, vaan tulen luoksenne. Vielä vähän aikaa, eikä maailma enää näe minua, mutta te näette, sillä minä elän ja tekin tulette elämään. Sinä päivänä te ymmärrätte, että minä olen Isässäni ja*

että te olette minussa ja minä teissä."
(Joh. 14:18–20). Aamen.

16. sunnuntai helluntaista 25.9.2022
Teksti: Matt. 6:25–34

"Armo teille ja rauha Jumalalta, meidän Isältämme, ja Herralta Jeesukselta Kristukselta!" (1. Kor. 1:3). *"Elo ihmisen huolineen ja murheineen – se on vain väliaikainen."* Nämä sanat ovat eräästä ikivihreästä klassikosta, jonka sain kuunnella Porin Promenadikeskuksessa joulukuussa 2009. Olin silloin katsomassa ja kuulemassa viihdetaiteilija Vesa-Matti Loirin esiintymistä. Tiistaina Loiri siunattiin lepoon Helsingin Johanneksenkirkossa – olkoon rauha hänen sielulleen. Aamen.

Näistä Veskun laulun sanoista löytyy paljon samaa kuin päivän evankeliumista. Siinä kuulimme Jeesuksen vuorisaarnaa, joka on hänen tunnetuin opetuspuheensa. Evankeliumissa Jeesus puhuu siitä, miten Jumala pitää huolen omistaan ja antaa heille päivittäin kaiken, mitä he tarvitsevat. Siksi Jumalan lasten ei tule kantaa huolta sellaisista maallisen elämän tarpeista kuin ruoka, juoma ja vaatteet. Jumala tuntee kaikki ihmisten tarpeet – niin ruumiin kuin hengenkin – ja pystyy myös täyttämään ne hyvän tahtonsa mukaan. Ihmisen murhe omasta elämästään ei tässä auta yhtään, sillä kaikki tulee Jumalan kädestä. Jeesus puhutteleekin opetuslapsiaan kysymällä: *"Kuka teistä voi murehtimalla lisätä elämänsä pituutta kyynäränkään vertaa?"* (Matt. 6:27). Vaikka ihminen kuinka paljon murehtisi ruuasta, juomasta ja muista elämän tarpeista, se kaikki on turhaa.

Vuorisaarnassaan Jeesus kehottaa opetuslapsiaan pyytämään taivaalliselta Isältään hänen hyviä lahjojaan. Tässä on kyse rakkauden ja luottamuksen suhteesta – sellaisesta joka vallitsee vanhempien ja heidän lastensa välillä. Juuri tästä Jeesus puhuu saarnassaan hieman tämän päivän evankeliumin jälkeen. Hän opettaa näin: *"Pyytäkää, niin teille annetaan. Etsikää, niin te löydätte. Kolkuttakaa, niin teille avataan. Sillä jokainen pyytävä saa ja jokainen etsijä löytää, ja jokaiselle, joka kolkuttaa, avataan. Ei kai kukaan teistä anna pojalleen kiveä, kun hän pyytää leipää? Tai käärmettä, kun hän pyytää kalaa? Jos kerran te pahat ihmiset osaatte antaa lapsillenne kaikenlaista hyvää, niin paljon ennemmin teidän taivaallinen Isänne antaa hyvää niille, jotka sitä häneltä pyytävät."* (Matt. 7:7–11). Jumalaan voi aina luottaa.

Miten meidän tulisi pyytää Jumalalta näitä hyviä lahjoja? Vuorisaarnassa Jeesus opettaa meille ensiluokkaisen rukouksen, joka alkaa sanoilla "Isä meidän". Siinä me pyydämme Jumalalta kaikkia elämämme tarpeita, kun lausumme: *"Anna meille tänä päivänä meidän jokapäiväinen leipämme."* (Matt. 6:11).

Tämän kohdan merkitystä on uskonpuhdistajamme Martti Luther selittänyt Vähässä Katekismuksessaan näin sanoin: *"Jumala antaa pyytämättäkin jokapäiväisen leivän kaikille, myös pahoille ihmisille, mutta me pyydämme tässä rukouksessa, että hän auttaisi meitä käsittämään tämän ja vastaanottamaan jokapäiväisen leipämme kiitollisina."*

Katekismuksessaan Luther avaa myös sitä, mitä kaikkea tarkoittaa jokapäiväinen leipä. Hän kirjoittaa näin: *"Kaikkea, mitä ruumiimme ravinnokseen ja muuten välttämättä tarvitsee. Siihen kuuluvat ruoka, juoma, vaatteet, kengät, koti, pelto, karja, raha, omaisuus, kelpo aviopuoliso, kunnolliset lapset, kunnollinen palvelusväki, kunnolliset ja luotettavat esimiehet, hyvä hallitus, suotuisat säät, rauha, terveys, järjestys, kunnia, hyvät ystävät, luotettavat naapurit ja muu sellainen.*" Tämän Lutherin anntaman selityksen perusteella ymmärrämme, että pyytäessämme Jumalalta "jokapäiväistä leipää" se ei rajoitu yksistään ruokaan. Rukouksessa me pyydämme taivaalliselta Isältämme kaikkea sitä, mitä tarvitsemme maanpäällisessä elämässä – niin ruumiin kuin sielun tarpeita.

Vuorisaarnassaan Jeesus opettaa, että Jumala tekee hyvää aivan kaikille ihmisille – sekä hyville että pahoille. Siksi kristityn tulee myös tehdä hyvää kaikille ihmisille, jokaiselle lähimmäiselle. Jeesus sanoo: "Rakastakaa vihamiehiänne ja rukoilkaa vainoojienne puolesta, jotta olisitte taivaallisen Isänne lapsia. Hän antaa aurinkonsa nousta niin hyville kuin pahoille ja lähettää sateen niin hurskaille kuin jumalattomille." (Matt. 5:44–45). Näihin Jeesuksen sanoihin sisältyy myös tämä Jumalaa koskeva näkökohta: jos Jumala tekee hyvää vihollisilleen – niille, jotka vihaavat häntä – kuinka paljon ennemmin hän tekee hyvää omilleen – niille, jotka rakastavat häntä.

Päivän evankeliumissa Kristus puhuu siitä, miten asiat tulee laittaa elämässä tärkeysjärjestykseen. Niistä ensimmäinen ja tärkein tulee esille näissä Jeesuksen sanoissa: *"Etsikää ennen kaikkea Jumalan valtakuntaa ja hänen vanhurskasta tahtoaan."* (Matt. 6:33). Kristityn elämässä Jumalan valtakunnan tulee olla etusijalla syömiseen ja juomiseen nähden. Ruumiin tarpeet ovat kyllä läsnä jokaisen ihmisen elämässä, mutta kristitylle ne eivät ole ylin ja korkein päämäärä. Sen sijaan kristitylle paljon arvokkaampia ovat ne hengelliset lahjat, jotka tulevat Jeesukseen uskovien osaksi. Roomalaiskirjeessään apostoli Paavali opettaa asiasta näin: *"Jumalan valtakunta ei ole syömistä eikä juomista, vaan vanhurskautta, rauhaa ja iloa, jotka Pyhä Henki antaa."* (Room. 14:17).

Rakkaat ystävät, Jeesus kehottaa meitä etsimään Jumalan valtakuntaa ja hänen vanhurskasta tahtoaan. Silloin me todella tavoittelemme sitä, mikä elämässä on kaikkein tärkeintä. Uskon kautta meillä on pääsy Jumalan luokse, sillä *"ilman uskoa on mahdoton olla otollinen Jumalalle. Sen, joka tulee Jumalan luo, täytyy uskoa, että Jumala on olemassa ja että hän palkitsee ne, jotka häntä etsivät."* (Hepr. 11:6). Näin meillä on kestävä perustus niin tässä kuin myös tulevassa elämässämme. Aamen.

15. sunnuntai helluntaista 18.9.2022
Teksti: Luuk. 17:11–19

"Armo teille ja rauha Jumalalta, meidän Isältämme, ja Herralta Jeesukselta Kristukselta!" (1. Kor. 1:3).
Päivän evankeliumissa saimme kuulla Jeesuksen kohtaamisesta kymmenen spitaalisen miehen kanssa. Heillä kaikilla oli vakava ihosairaus, joka oli tuhonnut heidän terveytensä. Juutalaiset eivät halunneet olla tekemisissä spitaalisten kanssa, koska Mooseksen lain mukaan spitaali teki ihmisen saastaiseksi. Laissa säädettiin spitaalitautisesta tällä tavoin: *"Spitaalitautia sairastavan tulee käyttää repaleisia vaatteita, pitää hiuksensa hajallaan ja kasvojensa alaosa peitettynä sekä huutaa: 'Saastainen, saastainen!' Niin kauan kuin hän potee tautiaan, hän pysyy saastaisena. Hänen on asuttava*

31

erillään leirin ulkopuolella." (3. Moos.
13:45–46). Evankeliumissa mainitut
spitaaliset olivat oman yhteisönsä
ulkopuolelle joutuneita hylkiöitä,
heidän tilansa oli hyvin surkea.
Spitaalia sairastavat kohtasivat toisiaan
ja liikkuivat sitten yhdessä. Näin he
saivat turvaa toinen toisestaan.
Tällainen oli se spitaalinen miesjoukko,
joka päivän evankeliumissa tuli Jeesusta
vastaan.
   Nämä sairaat miehet pyysivät
Jeesusta osoittamaan laupeutta heitä
kohtaan. Sitten Jeesus antoi miehille
ohjeen, jota noudattamalla he kaikki
puhdistuivat sairaudestaan. Kuitenkaan
suurin osa ei enää palannut Jeesuksen
luokse. Miksi? Syynä oli se, että näistä
spitaalitautisista miehistä yhdeksän
ajatteli Jeesuksen olevan paikasta
toiseen kiertävä parantaja, lääkäri, joka
teki vain työtään. Vastaavantyyppisen
ilmiön olen havainnut omassa

elämässäni; kun olen käymässä lääkärin vastaanotolla, hän määrää minulle tarvittavat lääkkeet, joiden käytöllä sairaus paranee ja saan terveyteni takaisin. Entä miten toimin parannuttuani taudista? Menenkö taas lääkärin luokse kiittämään ja ylistämään häntä omasta paranemisestani? Ennemminkin jatkan elämässä eteenpäin ja yritän pysyä terveenä. Lääkäri on tehnyt työnsä, jonka hän on velvollinen tekemään lääketieteen ammattilaisena. Terveenä ihminen ei tarvitse lääkäriä. Näin ollen sairaudesta parantumisen jälkeen ihminen jättää lääkärin rauhaan ja antaa tilaa toisille potilaille. Jos sairaus tulee uudelleen, palataan takaisin lääkärin luo.

Mutta päivän evankeliumissa kerrottiin eräästä miehestä, joka palasi Jeesuksen luo parannuttuaan spitaalista. Miksi hän ei tehnyt niin kuin ne yhdeksän muuta, jotka olivat saaneet terveytensä ja lähteneet omille teilleen? Näille Jeesus oli paikasta toiseen kiertelevä tautien parantaja, joita oli tuohon aikaan liikkeellä. Mutta eräs mies, samarialainen, näki Jeesuksen eri tavoin. Hän näet oivalsi, että Jeesus on paljon enemmän kuin lääkäri, tautien parantaja. Tämä samarialainen näki Jeesuksessa sen elävän Jumalan, joka oli parantanut hänen sairautensa ja vaivansa. Psalmissa 30 on kirjoitettu näin sanoin: *"Herra, minun Jumalani, sinua minä huusin avuksi, ja sinä teit minut terveeksi."* (Ps. 30:2). Juuri näin spitaalistaan parantunut mies koki itselleen tapahtuneen: hän huusi Jeesusta avukseen ja tämä teki hänet täysin terveeksi.

Uudessa testamentissa kerrotaan myös muista henkilöistä, jotka näkivät asian niin kuin tämä samarialainen. Apostoli Tuomas sai nähdä ylösnousseen Kristuksen, ja tuo näky sai hänet huudahtamaan: *"Minun Herrani ja minun Jumalani!"* (Joh. 20:28). Samoin Martta, kuolleen Lasaruksen sisar, tunnusti uskonsa Jeesuksen jumaluuteen näin sanoin: *"Minä uskon, että sinä olet Kristus, Jumalan Poika, jonka oli määrä tulla maailmaan."* (Joh. 11:27). Apostoli Paavali opettaa meille, että jumaluus on Jeesuksessa todellisesti läsnä, *"hänessä on jumaluus ruumiillistunut koko täyteydessään."* (Kol. 2:9). Mainittujen todistajien joukkoon kuuluu myös spitaalista parantunut samarialainen. Hän sai uskonsa silmin katsella Jeesuksen jumalallista kirkkautta, *"kirkkautta, jonka Isä ainoalle Pojalle antaa."* (Joh. 1:14). *"Uskolle totta on se, mitä toivotaan, ja näkymätön on sille näkyvää."* (Hepr. 11:1).

Päivän evankeliumissa samarialainen mies ylistää Jumalaa kiitokseksi siitä, että hän on parantunut sairaudestaan. Ennen tätä hän kuitenkin tulee Jeesuksen luo. Samarialainen mies halusi ylistää Jumalaa Jeesuksen kasvojen edessä, eikä missään muualla. Näin hän teki, koska hänellä oli usko Jeesukseen, Jumalan Poikaan. Tässä miehen teot ilmentävät sitä käytäntöä, joka on kuulunut kristinuskoon sen alusta asti. Paavali ilmaisee sen sanoessaan: *"Minä kiitän Jumalaani Jeesuksen Kristuksen kautta."* (Room. 1:8). Näin evankeliumissa mainittu samarialainen myös teki, kun hän tuli Kristuksen luo ylistämään Jumalaa. Mies polvistui Jeesuksen jalkojen juureen, osoittaakseen kunnostustaan elävälle Jumalalle, Jeesuksen taivaalliselle Isälle. Näin hänen kohdallaan toteutuivat nämä Paavalin sanat: *"Jeesuksen nimeä kunnioittaen on kaikkien polvistuttava, kaikkien niin taivaassa kuin maan päällä ja maan alla, ja jokaisen kielen on tunnustettava*

Isän Jumalan kunniaksi: 'Jeesus Kristus on Herra. '" (Fil. 2:10–11). Rakkaat ystävät, Jeesukseen Herrana ja Vapahtajana turvaava samarialainen toimii esimerkkinä kaikille meille kristityille. Jumala on antanut meille Pyhän Hengen lahjan. Sen avulla me voimme palvella Jumalaa hänen tahtonsa mukaisella tavalla. *"Jumala on Henki, joten häntä on palvottava Hengessä ja totuudessa."* (Joh. 4:24). Siksi tänään myös täällä Luvian kirkossa me ylistämme ja kunnioitamme Isää Jumalaa hänen ainoan Poikansa, Jeesuksen Kristuksen nimessä Pyhän Hengen voiman avulla. Jumalan Pyhä Kolminaisuus on aina läsnä kaikessa kristillisessä jumalanpalveluksessa. Tähän kuuluu myös apostolinen siunaus, jonka nyt lausun tämän saarnani päätöksenä. *"Herramme Jeesuksen Kristuksen armo, Isän Jumalan rakkaus ja Pyhän*

Hengen osallisuus olkoon kaikkien teidän kanssanne." (2. Kor. 13:14). Aamen.

9. sunnuntai helluntaista 7.8.2022
Teksti: Matt. 7:15–23

*"Herramme Jeesuksen Kristuksen
armo, Jumalan rakkaus ja Pyhän
Hengen osallisuus olkoon kaikkien
teidän kanssanne."* (2. Kor. 13:14).
Aamen.
*"Jos puu on hyvä, sen
hedelmäkin on hyvä, mutta jos puu on
huono, sen hedelmäkin on huono.
Hedelmästään puu tunnetaan."* (Matt.
12:33). Tämä on eräs tunnetuimmista
vertauksista, joiden avulla Herramme
Jeesus Kristus opetti kansalle Jumalan
valtakunnasta. Se on esillä myös päivän
evankeliumissa, jossa se liitetään
vääriin profeettoihin. Uuden
testamentin alkutekstissä esiintyy tässä
kohden kreikankielinen sana
pseudoprofeetees, pseudoprofeetta.
Tämä voidaan kääntää suomeksi myös
"valeprofeetaksi" tai

"näennäisprofeetaksi". Kyse on henkilöstä, joka esittää olevansa Jumalan sanan julistaja, vaikka oikeasti hän ei ole sitä. Näistä valeprofeetoista Herra Jumala on lausunut profeetta Jeremian kautta tällä tavoin: *"Silkkaa valhetta julistavat profeetat minun nimissäni! Minä en ole heitä lähettänyt, en ole antanut heille tehtävää enkä puhunut heille. Valhenäkyjä, tyhjiä ennustuksia ja petollisia kuvitelmiaan he teille julistavat."* (Jer. 14:14). Juuri sellaisia ovat myös ne väärät profeetat, joista on puhetta tämän päivän evankeliumissa.

Jeesus opettaa meille, että väärät profeetat tunnetaan heidän hedelmistään. Mitä ovat nämä hedelmät? Jeesus sanoo, että ne, jotka tekevät hänen taivaallisen Isänsä tahdon, pääsevät perille taivasten valtakuntaan. Päivän evankeliumista käy selvästi ilmi, että väärät profeetat eivät pääse sinne. Sen sijaan Jeesus sanoo heille: *"En tunne teitä. Menkää pois minun luotani, te vääryydentekijät!"* (Matt. 7:23). Väärät profeetat eivät tee niitä tekoja, jotka ovat Jumalan tahdon mukaisia. Heidän tekonsa ovat vääriä ja pahoja, juuri niitä huonoja hedelmiä, joita huono puu tekee. Uuden testamentin evankeliumeissa Vapahtajamme on selkeästi opettanut, mikä on Jumalan tahto. Sen ytimenä on rakkauden kaksoiskäsky: *"Rakasta Herraa, Jumalaasi, koko sydämestäsi, koko sielustasi ja mielestäsi. Tämä on käskyistä suurin ja tärkein. Toinen yhtä tärkeä on tämä: Rakasta lähimmäistäsi niin kuin itseäsi."* (Matt. 22:37–39). Rakkaus on se side, joka yhdistää kristityn sekä Jumalaan että lähimmäisiinsä, jokaiseen ihmiseen. Päivän evankeliumissa mainitut väärät

profeetat puhuvat Jeesuksen nimessä ja
tekevät monia ihmetekoja. Kuitenkin
heiltä puuttuvat ne rakkauden teot, jotka
ovat oikean kristillisen uskon hedelmiä.
He eivät osoita rakkautta lähimmäisiään
kohtaan vaan ovat kylmiä ja
armottomia. Siksi myös näiden
profeettojen usko on täysin kelvoton
pelastamaan heitä Herran tulemisen
päivänä. Juuri tästä aiheesta on
opettanut Jaakob, Herran Jeesuksen
veli, näin sanoin: *"Veljet, mitä hyötyä
siitä on, jos joku sanoo uskovansa
mutta häneltä puuttuvat teot? Ei kai
usko silloin voi pelastaa häntä? Jos
veljenne tai sisarenne ovat vailla
vaatteita ja jokapäiväistä ravintoa, niin
turha teidän on sanoa: "Menkää
rauhassa, pitäkää itsenne lämpimänä ja
syökää hyvin", jos ette anna heille mitä
he elääkseen tarvitsevat. Näin on
uskonkin laita. Yksinään, ilman tekoja,
se on kuollut."* (Jaak. 2:14–17). Samalla

tavoin myös Herran apostoli Johannes on korostanut, että lähimmäisenrakkaus kuuluu täysin erottamattomasti jokaisen kristityn elämään, josta hän opettaa näin: *"Me rakastamme, koska Jumala on ensin rakastanut meitä. Jos joku sanoo rakastavansa Jumalaa mutta vihaa veljeään, hän valehtelee. Sillä se, joka ei rakasta veljeään, jonka on nähnyt, ei voi rakastaa Jumalaa, jota ei ole nähnyt. Tämän käskyn me olemmekin häneltä saaneet: joka rakastaa Jumalaa, rakastakoon myös veljeään."* (1. Joh. 4:19–21). Apostoli Johannes puhuu myös Jumalan suurimmasta käskystä, joka on osoitettu meille kristityille: *"Tämä on hänen käskynsä: meidän tulee uskoa hänen Poikaansa Jeesukseen Kristukseen ja rakastaa toinen toistamme, niin kuin hän on meitä käskenyt. Joka pitää hänen käskynsä, pysyy Jumalassa, ja Jumala pysyy hänessä. Ja sen, että hän pysyy meissä, me tiedämme Hengestä, jonka hän on meille antanut."* (1. Joh. 3:23–24).

Päivän evankeliumissa mainitut väärät profeetat ovat saaneet osakseen monia Jumalan armolahjoja: he profetoivat, he ajavat ulos saastaisia henkiä, he tekevät monia ihmeellisiä voimatekoja Herran Jeesuksen nimessä. Uuteen testamenttiin sisältyvä historiateos Apostolien teot osoittaa meille, että näitä ihmetekoja tekivät myös Pietari, Paavali ja muut Kristuksen apostolit. Jeesus itse lähetti apostolit saarnaamaan Jumalan sanaa ja antoi heille voiman tehdä ihmetekoja.

On hyvin ilmeistä, että päivän evankeliumissa mainittuja vääriä profeettoja ei sanota "vääryydentekijöiksi" sen vuoksi, että he tekevät voimatekoja Jeesuksen nimessä. Ulkonaisesti he näyttävät oikeilta Jumalan sanan julistajilta.

Kuitenkin he käyttävät Jumalan armolahjoja täysin itsekkäästi ja rakkaudettomasti, ajaakseen omia etujaan. He ovat samanlaisia kuin Ilmestyskirjassa esiintyvä lopunajan peto, se on, Antikristus, väärä profeetta, jota kuvataan tällä tavoin: *"Sillä oli kaksi sarvea, kuin karitsan sarvet, mutta se puhui kuin lohikäärme. – – Se tekee suuria tunnustekoja ja saa tulen lyömään taivaasta maahan ihmisten nähden."* (Ilm. 13:11, 13). Jeesus on varoittanut opetuslapsiaan tästä lopunajan eksytyksestä erittäin selvin sanoin: *"Jos joku sanoo teille: 'Täällä on Messias', tai: 'Katso, Messias on tuolla', älkää uskoko. Sillä vääriä messiaita ja vääriä profeettoja ilmaantuu, ja he tekevät tunnustekoja ja ihmeitä johtaakseen, jos mahdollista, valitut harhaan. Pitäkää siis varanne. Minä olen ennalta ilmoittanut teille kaiken."* (Mark. 13:21–23).

Rakkaat ystävät, Raamattu, Jumalan sana opettaa meille, että elämme viimeisiä aikoja. Meidän kristittyjen tulee olla joka hetki uskossa valveilla, sillä *"Herran päivä tulee kuin varas yöllä."* (1. Tess. 5:2). Apostoli Paavalin sanoin: *"Te kaikki olette valon ja päivän lapsia. Me emme kuulu yölle emmekä pimeydelle. Emme siis saa nukkua niin kuin muut, vaan meidän on valvottava ja pysyttävä raittiina."* (1. Tess. 5:5–6). Paavali myös varoittaa meitä vääristä profeetoista ja kehottaa meitä elämään Jumalan tahdon mukaisesti: *"Älkää antako kenenkään pettää itseänne tyhjillä puheilla, sillä niiden vuoksi Jumalan viha kohtaa kaikkia tottelemattomia. Älkää siis olko sellaisten kanssa missään tekemisissä. Ennen tekin olitte pimeyttä, mutta nyt te loistatte Herran valoa. Eläkää valon lapsina! Valo kasvattaa hyvyyden, oikeuden ja totuuden hedelmiä.*

Pyrkikää saamaan selville, mikä on Herran mielen mukaista. Älkää osallistuko pimeyden töihin: ne eivät kanna hedelmää. Tuokaa ne päivänvaloon. Mitä sellaiset ihmiset salassa tekevät, on häpeällistä sanoakin, mutta kaikki tulee ilmi, kun valo sen paljastaa." (Ef. 5:6–13). Tällä tavoin Paavali opettaa meille, että profeettojen teot tulee saattaa julkisen arvostelun ja tuomion alaisiksi. Silloin voidaan havaita, kuka on oikea Jumalan profeetta ja kuka ei. Tänä päivänä julkisuudessa esiintyy monia ihmisiä, jotka sanovat olevansa Jumalan profeettoja. Siksi meidän kristittyjen tulee selvittää millaisia ovat heidän sanansa ja tekonsa, koska niiden perusteella heidät tulee arvioida. Jos jokin profeetta asettaa itsensä kaiken arvostelun yläpuolelle, hän on aivan varmasti väärä ja petollinen.

Kuitenkin meidän kristittyjen tulee aina pitää mielessä se, mikä on elämässä tärkeintä. Apostoli Paavali ilmaisee tämän totuuden seuraavin sanoin: *"Vaikka minä puhuisin ihmisten ja enkelien kielillä mutta minulta puuttuisi rakkaus, olisin vain kumiseva vaski tai helisevä symbaali. Vaikka minulla olisi profetoimisen lahja, vaikka tuntisin kaikki salaisuudet ja kaiken tiedon ja vaikka minulla olisi kaikki usko, niin että voisin siirtää vuoria, mutta minulta puuttuisi rakkaus, en olisi mitään."* (1. Kor. 13:1–2). Ja vielä: *"Niin pysyvät nämä kolme: usko, toivo, rakkaus. Mutta suurin niistä on rakkaus."* (1. Kor. 13:13). Kristillinen usko, joka tuottaa hedelminään rakkauden tekoja, lahjoittaa meille toivon iankaikkisesta elämästä. *"Se toivo on elämämme ankkuri, luja ja varma. Se ulottuu*

väliverhon tuolle puolen." (Hepr. 6:19).
Aamen.

4. sunnuntai helluntaista 3.7.2022
Teksti: Luuk. 15:1–10

"*Herramme Jeesuksen Kristuksen
armo, Jumalan rakkaus ja Pyhän
Hengen osallisuus olkoon kaikkien
teidän kanssanne.*" (2. Kor. 13:14).
   "*Kuin paimen kantaa olallaan
pienintä karitsaa, niin Jeesus
seurakunnassaan myös hoitaa
horjuvaa.*" (Virsi 498:2). Näin lauletaan
virren 498 toisessa säkeistössä. Siinä
puhutaan Jeesuksesta, seurakunnan
paimenesta. Uudessa testamentissa,
Johanneksen evankeliumissa, Jeesus
sanoo: "*Minä olen hyvä paimen, oikea
paimen, joka panee henkensä alttiiksi
lampaiden puolesta.*" (Joh. 10:11).
Myös täällä Väinölän kirkossa, tuossa
alttarilla, on kuva Jeesuksesta, hyvästä
paimenesta, joka kantaa karitsaa
harteillaan.

Tällainen paimen esiintyy myös päivän evankeliumissa. Siinä Jeesus esittää kaksi vertausta, joiden molempien aiheena on kadonneen löytyminen. Aivan aluksi on puhetta siitä, miten Jeesuksen läheinen suhde publikaaneihin ja muihin syntisiin ihmisiin herätti pahennusta fariseuksissa ja lainopettajissa. He eivät voineet käsittää miksi Jeesus oli tekemisissä syntisten kanssa, joita tuli heidän oppinsa mukaan karttaa täydellisesti. Kuitenkin Jeesus oli jo aiemmin sanonut heille: *"Eivät terveet tarvitse parantajaa, vaan sairaat. En minä ole tullut kutsumaan hurskaita, vaan syntisiä, jotta he kääntyisivät."* (Luuk. 5:31–32). Juuri tähän liittyvät Jeesuksen vertaukset kadonneesta lampaasta ja hopearahasta. Lisäksi on syytä muistaa, että Luukkaan evankeliumissa välittömästi näiden jälkeen Jeesus esittää vertauksen tuhlaajapojasta, joka palaa isänsä luokse.

Näissä Jeesuksen vertauksissa on keskeisenä opetuksena se, että Jumala toivoo syntisten tekevän parannuksen ja palaavan hänen luokseen. Kyseinen teema on vahvasti läsnä myös monissa muissa Pyhän Raamatun kohdissa. Profeetta Hesekiel julistaa Pyhän Hengen vaikutuksesta nämä Jumalan sanat: *"Näin sanoo Herra Jumala: Minäkö haluaisin, että jumalaton kuolee? Enkö ennemminkin halua, että hän kääntyy teiltään ja saa elää? – – Heittäkää pois kaikki rikkomuksenne, kaikki se millä olette syntiä tehneet, ja ottakaa rintaanne uusi sydän ja uusi henki. Miksi te kuolisitte, israelilaiset? En minä tahdo kenenkään kuolemaa – – näin sanoo Herra Jumala. Kääntykää, niin saatte elää!"* (Hes. 18:23, 31–32). Tämän saman Jumalan Hengen innoittamana apostoli Paavali opettaa ensimmäisessä kirjeessään Timoteukselle Jumalasta, *"joka tahtoo, että kaikki ihmiset pelastuisivat ja tulisivat tuntemaan totuuden."* (1. Tim. 2:4). Jumalan tahto on, että jokainen ihminen kääntyisi pois synneistään ja palaisi uskossa taas hänen luokseen. Jumala on kaikkien ihmisten todellinen Isä, heidän Luojansa. Aina kun yksi syntinen kääntyy pois pahoilta teiltään, hän on juuri se tuhlaajapoika, josta hänen isänsä lausuu näin sanoin: *"Minun poikani oli kuollut mutta heräsi eloon, hän oli kadoksissa, mutta nyt hän on löytynyt."* (Luuk. 15:24).

Miten tämä kaikki on mahdollista? Se on ilmaistuna Johanneksen evankeliumin kohdassa, joka ilmaisee koko kristillisen uskon sisällön. Tässä on kyseessä pienoisevankeliumi, joka kuuluu näin: *"Jumala on rakastanut maailmaa niin paljon, että antoi ainoan Poikansa, jottei yksikään, joka häneen uskoo, joutuisi kadotukseen, vaan saisi iankaikkisen elämän."* (Joh. 3:16). Juuri tätä tarkoittavat Jeesuksen sanat siitä, että hän asettaa henkensä alttiiksi lampaiden puolesta. Apostoli Pietari opettaa tästä Kristuksen työstä seuraavin sanoin: *"Itse, omassa ruumiissaan, hän "kantoi meidän syntimme" ristinpuulle, jotta me kuolisimme pois synneistä ja eläisimme vanhurskaudelle. "Hänen haavansa ovat teidät parantaneet." Te olitte "eksyksissä niin kuin lampaat", mutta nyt te olette palanneet sielujenne paimenen ja kaitsijan luo."* (1. Piet. 2:24–25). Näin Pietari opettaa Jeesuksen olevan sekä ihmisten syntien sovittaja että heidän sielujensa paimen.

Olen tähän asti puhunut siitä, millaisiin raamatullisiin aiheisiin päivän evankeliumi liittyy. Nyt siirryn tarkastelemaan sitä, mitä tämä evankeliumi lausuu meille tässä ja nyt. Siinä Herramme Jeesus opettaa meille Jumalasta, joka tuntee omansa ja pitää heistä huolen. Jumala lausuu meille profeetta Jesajan suulla näin sanoin: *"Älä pelkää. Minä olen lunastanut sinut. Minä olen sinut nimeltä kutsunut, sinä olet minun."* (Jes. 43:1). Näin on Jumalan sana puhunut ja se on varmasti totta. Siksi me saamme uskoa todeksi nämä Kristuksen sanat: *"Minun lampaani kuulevat minun ääneni ja minä tunnen ne, ja ne seuraavat minua. Minä annan heille ikuisen elämän. He eivät koskaan joudu hukkaan, eikä kukaan riistä heitä minulta. Isäni, joka on heidät minulle antanut, on suurempi kuin kukaan muu, eikä kukaan voi riistää heitä Isäni kädestä."* (Joh. 10:26–29). Aamen.

Kirkastussunnuntai 31.7.2022
Teksti: Matt. 17:1–8

"*Herramme Jeesuksen Kristuksen armo, Jumalan rakkaus ja Pyhän Hengen osallisuus olkoon kaikkien teidän kanssanne.*" (2. Kor. 13:14). Aamen.

Neljä vuodenaikaa – kesä, talvi, syksy, kevät. Näistä neljästä kesä on monille se kaikkein mieluisin. Silloin aurinko antaa meille valoa ja lämpöä enemmän kuin koko muun vuoden aikana. Luomakunta on puhjennut täyteen loistoonsa ja kauniita, tuoksuvia kukkia on ilmestynyt kaikkialle. Kukkien myötä ovat ilmestyneet myös perhoset ja muut hyönteiset, jotka nauttivat kukkien nektaria.

Perhosia on monenlaisia: toiset ovat suuria, toiset pieniä; toiset ovat värikkäitä, toiset värittömiä; toiset lentävät päivällä, toiset yöllä. Kuitenkin kaikkien perhosten elämä alkaa samalla tavoin. Aluksi on perhosen muna, josta kuoriutuu toukka. Toukka syö lehtiä ja kasvaa aikansa, kunnes lopulta se koteloituu. Kotelon sisällä tapahtuu suuria muutoksia. Kun se kuoriutuu, on toukka muuttunut aikuiseksi perhoseksi, joka nousee siivilleen. Tätä perhosen elämän ihmeellistä tapahtumaa kutsutaan muodonmuutokseksi eli metamorfoosiksi.

Päivän evankeliumissa oli evankelista Matteuksen kuvaus siitä, miten Jeesus kirkastui vuorella opetuslapsilleen. *"Siellä hänen ulkomuotonsa muuttui heidän nähtensä."* (Matt. 17:2). Uuden testamentin kreikankielisessä alkutekstissä esiintyy tässä kohden hyvin kiinnostava seikka: verbi, jolla evankelista kuvaa Jeesuksen kirkastumista, on *metamorfoo*. Kyseessä on siis metamorfoosi eli muodonmuutos. Verbi koostuu kahdesta osasta: aluksi siinä on meta, joka tarkoittaa "jälkeen", sitten morfee, se on "muoto". Alkuteksti ilmaisee tällä tavoin, että Jeesuksen muoto muuttui aivan toisenlaiseksi kuin se oli aikaisemmin ollut: *"hänen kasvonsa loistivat kuin aurinko ja hänen vaatteensa tulivat valkeiksi kuin valo."* (Matt. 17:2). Jeesuksen ulkomuoto säteili Jumalan kirkkautta, siksi opetuslapset pelkäsivät ja käänsivät katseensa alas maahan. Kun he lopulta nostivat katseensa, Jeesus oli kokenut taas muodonmuutoksen: hän oli jälleen siinä muodossa, jossa opetuslapset olivat tottuneet hänet näkemään. Siksi he eivät enää pelänneet katsoa Jeesusta.

Uuden testamentin mukaan Kristuksen elämään sisältyy vielä suurempiakin metamorfooseja. Evankelista Johannes kertoo meille siitä, miten *"Sana tuli lihaksi ja asui*

meidän keskellämme." (Joh. 1:14).
Apostoli Paavali kuvaa kirjeessään
filippiläisille Kristusta näin sanoin:
*"Hänellä oli Jumalan muoto, mutta hän
ei pitänyt kiinni oikeudestaan olla
Jumalan vertainen vaan luopui
omastaan. Hän otti orjan muodon ja
tuli ihmisten kaltaiseksi."* (Fil. 2:6–7).
Tässä Kristus-hymnissä esiintyy
alkutekstissä sana *morfee*, "muoto",
joten myös tässä on kyseessä
metamorfoosi, muodonmuutos. Kun
Jeesus syntyi Neitsyt Mariasta, Jumala
otti ihmisen muodon. Hän oli
ulkonäöltään kuin aivan tavallinen
ihminen, ja sellaisena opetuslapset
myös häntä aluksi pitivät.
Kirkastusvuorella he saivat kuitenkin
nähdä Jeesuksen oikean muodon, ja se
muutti heidän käsityksensä.

Kirkastusvuoren tapahtumat
heijastavat Jeesuksen elämän kaikkein
suurinta ja ihmeellisintä

muodonmuutosta, joka oli vielä edessä. Hän kärsi ja kuoli heikkona ristinpuussa, hänet haudattiin, hän nousi kolmantena päivänä kuolleista kirkastettuna. Tässä on kyse sellaisesta metamorfoosista, joka voidaan rinnastaa perhosen elämän vaiheisiin; Jeesuksen maallinen ruumis vastaa toukkaa, hänen hautansa koteloa ja hänen taivaallinen ylösnousemusruumiinsa perhosta. Näin on tapahtunut se mistä apostoli Paavali on opettanut tällä tavoin: *"On taivaallisia ja maallisia ruumiita, mutta taivaallisten loisto on aivan toisenlainen kuin maanpäällisten. Auringolla on oma loistonsa, kuulla omansa ja tähdillä omansa, ja toinen tähti loistaa toista kirkkaammin. Samoin tapahtuu kuolleiden ylösnousemuksessa. Se, mikä kylvetään katoavana, nousee katoamattomana. Mikä kylvetään vähäpätöisenä, nousee kirkkaana. Mikä kylvetään heikkona, nousee täynnä voimaa. Kylvetään ajallinen ruumis, nousee hengellinen ruumis."* (1. Kor. 15:40–44).

Tähän mennessä olen puhunut niistä muodonmuutoksista, jotka ovat kuuluneet Herramme Jeesuksen Kristuksen elämään. Näistä kaikkein merkittävin on hänen ylösnousemuksensa, koska se koskee myös kaikkia meitä, joilla on usko Jeesukseen. Tästä apostoli Paavali on kirjoittanut näin sanoin: *"Sen sanon, veljet, ettei liha ja veri voi saada omakseen Jumalan valtakuntaa ja ettei katoava voi saada omakseen katoamattomuutta. Nyt ilmoitan teille salaisuuden: Me emme kaikki kuole, mutta kaikki me muutumme, yhtäkkiä, silmänräpäyksessä, viimeisen pasuunan soidessa. Pasuuna soi, ja kuolleet herätetään katoamattomina ja me muut muutumme. Tämän katoavan on näet pukeuduttava katoamattomuuteen ja kuolevaisen kuolemattomuuteen."* (1. Kor. 15:50–53). Paavali viittaa tässä yhteydessä tuomiopasuunaan, joka soi maailmanajan lopussa. Kun tämän maailman loppu on tullut, koittaa ylösnousemus. Silloin kaikki, niin elävät kuin kuolleetkin, kokevat suuren muodonmuutoksen, kuten Vapahtajamme on itse lausunut näin sanoin: *"He eivät enää voi kuolla, sillä he ovat enkelien kaltaisia. He ovat Jumalan lapsia, ylösnousemuksesta osallisia. Ja sen, että kuolleet nousevat ylös, on Mooseskin osoittanut kertomuksessa palavasta pensaasta. Hänhän sanoo, että Herra on Abrahamin Jumala, Iisakin Jumala ja Jaakobin Jumala. Ei hän ole kuolleiden Jumala, vaan elävien. Hänelle kaikki ovat eläviä."* (Luuk. 20:36–38).

Rakkaat ystävät, Jumala on sanassaan antanut meille suuret lupaukset ruumiin ylösnousemuksesta ja iankaikkisesta elämästä. Kun me uskomme, nämä ovat jo läsnä meidän elämässämme, tässä ja nyt. *"Usko on sen todellisuutta, mitä toivotaan, sen näkemistä, mitä ei nähdä."* (Hepr. 11:1). *"Meidät on pelastettu, se on varma toivomme. Mutta toivo, jonka jo näkee täyttyneen, ei enää ole toivo. Kukapa toivoo sellaista, minkä jo näkee! Jos taas toivomme jotakin mitä emme näe, me myös odotamme sitä kärsivällisesti."* (Room. 8:24–25). *"Olkaa siis kärsivällisiä, veljet ja sisaret, Herran tuloon asti. Niin maamieskin: kärsivällisesti hän odottaa maan kallista hedelmää kevään ja syksyn sadonkorjuuseen saakka. Olkaa tekin kärsivällisiä ja rohkaiskaa mielenne, sillä Herran tulo on lähellä."* (Jaak. 5:7–8). Aamen.

Hiljaisen viikon keskiviikko 13.4.2022
Teksti: Luuk. 23:13–31

"Kuka uskoo meidän sanomamme?
Kuka ymmärtää Herran käsivarren
voiman? Hän kasvoi Herran edessä
kuin vähäinen verso, kuin vesa kuivasta
maasta. Ei hänellä ollut vartta, ei
kauneutta, jota olisimme ihaillen
katselleet, ei hahmoa, johon olisimme
mieltyneet. Hyljeksitty hän oli, ihmisten
torjuma, kipujen mies, sairauden
tuttava, josta kaikki käänsivät katseensa
pois. Halveksittu hän oli, me emme
häntä minään pitäneet. Ja kuitenkin:
hän kantoi meidän kipumme, otti
taakakseen meidän sairautemme.
Omista teoistaan me uskoimme hänen
kärsivän rangaistusta, luulimme
Jumalan häntä niistä lyövän ja
kurittavan, vaikka meidän
rikkomuksemme olivat hänet lävistäneet
ja meidän pahat tekomme hänet

ruhjoneet. Hän kärsi rangaistuksen, jotta meillä olisi rauha, hänen haavojensa hinnalla me olemme parantuneet." (Jes. 53:1–5). Nämä sanat on kirjoitettu Vanhassa testamentissa, profeetta Jesajan näkyjen kirjassa. Tässä kuvataan sitä miten Herran palvelija joutuu kokemaan suuren tuskan ja kärsimyksen. Kuitenkaan hän ei kärsi tätä rangaistusta omien rikostensa tähden. Tämä Herran palvelija on viaton ja vanhurskas, hän ei ole tehnyt mitään pahaa. Palvelijan kärsimys on rangaistus synneistä, mutta ne eivät ole hänen itsensä tekemiä vaan hänen kansansa. Herran vanhurskas palvelija kärsii rangaistuksen, jotta hänen kansansa ei joutuisi kokemaan sitä, *"hän pelastaa kansansa sen synneistä.*" (Matt. 1:21).

Päivän evankeliumissa saimme kuulla evankelista Luukkaan kuvauksen siitä miten Jeesus tuomitaan ja

kuljetetaan Golgatalle
ristiinnaulittavaksi. Hänen oma
kansansa hylkäsi hänet ja tuomitsi
kuolemaan ristinpuussa. Rooman
keisarin palveluksessa toiminut
maaherra Pilatus antoi tähän
suostumuksensa ja käski toteuttaa
ristiinnaulitsemisen kansan
vaatimuksesta. Roomalaiset surmasivat
Jeesuksen, koska ainoastaan Rooman
esivalta sai laillisesti teloittaa
tuomittuja.

Miksi Jeesus sai osakseen näin
julman ja ankaran tuomion? Hän joutui
kärsimään rangaistuksen, joka oli
varattu kaikkein suurimmille ja
paatuneimmille rikollisille. Barabbas,
jonka kansa pyysi vapaaksi Jeesuksen
sijaan, oli murhamies ja kapinoitsija
Roomaa vastaan. Sen sijaan Jeesus ei
ollut tehnyt mitään rikosta, niin kuin
evankelista selkeästi tuo esille.

Miksi Jeesus tuomittiin kärsimään ja kuolemaan ristinpuussa? Kristillinen kirkko on koko olemassaolonsa ajan julistanut evankeliumia Jeesuksesta Kristuksesta, Jumalan Pojasta. Jerusalemin seurakunta sai syntynsä helluntaipäivänä, jolloin Pyhä Henki vuodatettiin taivaasta Jeesuksen opetuslapsiin. Näin he saivat Jumalalta voimaa ja rohkeutta julistaa ilosanomaa Jeesuksesta. Tämän evankeliumin sisältö on selvästi nähtävissä Uuden testamentin kirjoituksissa. Apostoli Paavali opetti seurakunnalleen Kristuksesta, *"joka kuoli meidän syntiemme vuoksi, niin kuin oli kirjoitettu."* (1. Kor. 15:3). Tässä Paavali toi selkeästi esille, että Kristuksen kärsimys oli jo ennalta kerrottu Raamatun pyhissä kirjoituksissa, profeettojen julistuksessa. Näistä merkittävin oli profeetta Jesajan näky Herran palvelijasta, joka kärsii rangaistuksen kansansa rikosten tähden. Päivän evankeliumissa on kuvattu miten Jeesus tuomittiin kuolemaan ristillä. Näin täytyi tapahtua, jotta Jumalan vanhurskas tahto ihmisiä kohtaan kävisi toteen. *"Jumala on rakastanut maailmaa niin paljon, että antoi ainoan Poikansa, jottei yksikään, joka häneen uskoo, joutuisi kadotukseen, vaan saisi iankaikkisen elämän."* (Joh. 3:16). Jeesus oli täysin puhdas synnistä, viaton ja vanhurskas. Hän kärsi ja kuoli ristillä syntisten ihmisten puolesta, lunastaakseen heidät vapaiksi synnin ja pimeyden vallasta. Jeesus on Kristus, Jumalan Poika, joka tuli maailmaan pelastamaan syntisiä. Hän on Ihmisen Poika, Herran kärsivä palvelija, kuten hän itse opetti näin sanoin: *"Ihmisen Poika ei tullut palveltavaksi, vaan palvelemaan ja antamaan henkensä lunnaiksi kaikkien puolesta.*" (Mark. 10:45).

Olen tässä puhunut suurista ja ihmeellisistä asioista. Jumala on luvannut ne jokaiselle, jolla on sydämessään usko Jeesukseen Kristukseen. "*Usko syntyy kuulemisesta, mutta kuulemisen synnyttää Kristuksen sana.*" (Room. 10:17). "Jolla on korvat kuulla, se kuulkoon." (Mark. 4:9). Tämä sana koskee meitä kaikkia, niin sinua kuin minuakin. "*Tämä sana on varma ja vastaanottamisen arvoinen: Kristus Jeesus on tullut maailmaan pelastamaan syntisiä, joista minä olen suurin. Mutta minut armahdettiin, jotta Kristus Jeesus juuri minussa osoittaisi, kuinka suuri hänen kärsivällisyytensä on. Näin olisin myös vastedes esimerkkinä niille, jotka uskovat häneen ja saavat ikuisen elämän.*" (1. Tim. 1:15–16). Kun Jumalan sana uskossa

sulautuu meihin, Pyhä Henki avaa
meidän silmämme katsomaan uskossa
Kristukseen. Silloin me elämme
rauhassa Jumalan kanssa, vapaina
rangaistuksen ja kuoleman pelosta. Näin
voimme itse kukin yhtyä niihin
sanoihin, jotka vanha Simeon lausui
nähdessään Jeesus-lapsen: *"Herra, nyt
sinä annat palvelijasi rauhassa lähteä,
niin kuin olet luvannut. Minun silmäni
ovat nähneet sinun pelastuksesi, jonka
olet kaikille kansoille valmistanut:
valon, joka koittaa pakanakansoille,
kirkkauden, joka loistaa kansallesi
Israelille."* (Luuk. 2:29–32). Aamen.

Tuomiosunnuntai 21.11.2021
Teksti: Matt. 25:31–46

"*Armo teille ja rauha Jumalalta,
meidän Isältämme, ja Herralta
Jeesukselta Kristukselta!*" (1. Kor. 1:3).
    "*Menkää pois minun luotani, te
kirotut, ikuiseen tuleen, joka on varattu
Saatanalle ja hänen enkeleilleen.*"
(Matt. 25:41). Nämä sanat lausuu
Kristus, kirkkauden kuningas, niille
ihmisille, jotka on tuomittu
iankaikkiseen kadotukseen. Kun itse
aikoinaan kuulin ensimmäisen kerran
tämän Tuomiosunnuntain evankeliumin,
sain kokea pelkoa ja kauhua. Ymmärsin
näet tuolloin tekstin siten, että siinä
opetetaan tekojen vanhurskautta, sitä,
että pelastus ansaitaan tekemällä
Jumalan määräämiä hyviä tekoja. Jos
tähän ei kykene, silloin Jumala
tuomitsee ikuiseen rangaistukseen, joka
on tulessa palamista, täysin

kirjaimellisesti. Näin itse ajattelin tuona hetkenä. Koska tiesin, että en voisi mitenkään täyttää evankeliumissa esitettyä hyvin tekojen vaatimusta, pidin itseäni tuhoon tuomittuna ja koin suurta kauhua ja pelkoa. En saanut näistä sanoista lohtua sielulleni, vaan päinvastoin tuskaa ja ahdistusta. Näin itselleni kävi.

Päivän evankeliumia tulee kuitenkin tarkastella syvällisemmin, jotta sen oikea sanoma avautuisi meille. Aivan aluksi on syytä katsoa, miten tekstissä mainittu "tuli" pitäisi ymmärtää. Onko se käsitettävä kirjaimellisesti vai ei? Siksi on tärkeää katsoa muiden Raamatun tekstien kieltä.

Vanhan ja Uuden testamentin kirjoituksissa sana "tuli" esiintyy usein metaforana, vertauskuvallisena ilmaisuna. Jumalan vihasta puhutaan usein tulena, joka hehkuu, syttyy ja roihuaa. Psalmissa 18 kuningas Daavid kuvailee Herran vihaa vertauskuvallisella kielellä, näin sanoin: *"Hänen sieraimistaan nousi savu ja kaiken nielevä liekki hänen suustaan, se suitsusi hiilten hehkua."* (Ps. 18:8). Raamatussa samaa tuli-metaforaa käytetään myös Jumalan sanasta. Luukkaan evankeliumissa Jeesus sanoo näin: *"Tulta minä olen tullut heittämään maan päälle; ja kuinka minä tahtoisinkaan, että se jo olisi syttynyt!"* (Luuk. 12:49). Tällä "tulella" Jeesus tarkoittaa hänestä julistettavaa evankeliumia, joka on itsensä Jumalan sana. Jeesuksen ajatus pohjautuu profeetta Jeremian tekstiin, jossa Herra puhuu tällä tavoin: *"Eikö minun sanani ole kuin tuli, kuin moukari, joka murskaa kallion?"* (Jer. 23:29). Tässä kuvataan vertauskuvallisella tavalla sitä voimaa, joka on Jumalan sanassa. Tätä sanaan liittyvää voimaa kuvataan muualla Raamatussa myös kielteisellä tavalla, seuraavassa Jaakobin kirjeen kohdassa: *"Ja kielikin on tuli; meidän jäsentemme joukossa se on vääryyden maailma. Se saastuttaa koko ruumiin ja sytyttää tuleen elämän pyörän, itse liekehtien helvetin tulta."* (Jaak. 3:6). Näiden esimerkkitekstien pohjalta on nähdäkseni hyvin perusteltua ajatella, että ilmaus "tuli" esiintyy vertauskuvallisena myös päivän evankeliumissa. Tätä tukee myös se näkökohta, että kyseinen kuvaus viimeisestä tuomiosta on Jeesuksen esittämä vertaus. Jeesus opetti runsaasti asioita vertauksilla, jotka sisältävät paljon vertauskuvallista kieltä. Siksi oman arvioni mukaan on paras tulkita teksti siten, että Jeesus tarkoittaa vertauskuvallisella "tulella" Jumalan vihaa. Tämä viha kohtaa niitä kaikkia, jotka eivät ole vanhurskaita, Jumalan edessä kelvollisia. He eivät saa osakseen Jumalan rakastavaa armoa

vaan hänen polttavan vihansa, jota tuli-
metafora kuvaa voimakkaasti ja
väkevästi.

Miten sitten voimme tulla
Jumalan edessä vanhurskaiksi ja päästä
osallisiksi Jumalan armosta? Tekemällä
hyviä tekoja ja keräämällä ansioita
Jumalan edessä? Ei suinkaan!
Puhuessaan vanhurskaiden hyvistä
teoista Jeesus ei suinkaan tarkoita, että
teot tekisivät heistä Jumalan edessä
kelpaavia. Sen sijaan heidän hyvät
tekonsa ovat uskon hedelmiä, jotka
osoittavat uskon aitouden. Tästä Jeesus
opettaa näin sanoin: *"Jos puu on hyvä,
sen hedelmäkin on hyvä, mutta jos puu
on huono, sen hedelmäkin on huono.
Hedelmästään puu tunnetaan."* (Matt.
12:33).

Mikä sitten on tämä usko? Se on
usko Jeesukseen Kristukseen, Jumalan
Poikaan. Hän on *"Jumalan Karitsa,
joka ottaa pois maailman synnin."* (Joh.

1:29). Uudessa testamentissa Kristus esitetään karitsana, uhrieläimenä, jonka pyhä ja kallis veri saa aikaan syntien sovituksen. Apostoli Paavali puhuu Kristuksesta näin: *"Hänet Jumala on asettanut sovitusuhriksi, hänen verensä tuo sovituksen uskossa vastaanotettavaksi."* (Room. 3:25). Kun ajattelemme karitsaa eläimenä, siitä tulee varmasti hyvin mukavia mielikuvia. Karitsa on lempeä ja rauhallinen pieni lammas, jonka villa on valkeaa ja pehmeää. Karitsa on sellainen eläin, jonka seurassa ihminen voi tuntea olonsa turvalliseksi, sillä hänen ei tarvitse pelätä sitä. Kristuksen kuvana karitsa merkitsee myös kaikkea tätä. Kun me olemme Jeesuksen kanssa, voimme olla turvallisella ja levollisella mielellä.

On kuitenkin syytä huomata, että karitsa ei ole ainoa eläin, jolla Uudessa testamentissa kuvataan Jeesusta.

Ilmestyskirjassa Kristusta nimitetään
Karitsaksi, mutta hänen sanotaan myös
olevan *"Juudan heimon leijona"* (Ilm.
5:5). Leijona on hyvin toisenlainen
eläin kuin karitsa. Se on hurja ja
raivoisa peto, joka herättää ihmisessä
pelkoa. Lisäksi leijonaa pidetään myös
eläimistä uljaimpana ja ylväimpänä.
Sitä pidetään yleisesti eläinten
kuninkaana, ja siksi entisaikojen
kuninkaat ovatkin käyttäneet leijonaa
tunnuksenaan. Raamatussa kuningas
Salomon valtaistuimen ympärillä oli
monia kultaisia leijonapatsaita, jotka
symboloivat Israelin kuninkaan valtaa
ja kunniaa. Tästä syystä leijona on myös
Kristuksen kuninkuuden vertauskuva.
Se kuvastaa sitä valtaa, voimaa ja
kunniaa, joka Ihmisen Pojalla on
taivaan ja maan Herrana.
    Leijona symboloi myös sitä
roolia, joka Kristuksella on hänen
paruusiassaan, hänen toisessa

tulemisessaan. Tullessaan tähän maailmaan ensimmäisen kerran Kristus ilmestyi karitsana. Hän toi Jumalan armon ihmisten keskuuteen, antamalla itsensä sovitusuhriksi koko maailman syntien tähden. *"Jumala on rakastanut maailmaa niin paljon, että antoi ainoan Poikansa, jottei yksikään, joka häneen uskoo, joutuisi kadotukseen, vaan saisi iankaikkisen elämän."* (Joh. 3:16).

Toisessa tulemisessaan Kristus on hyvin toisenlaisessa roolissa. Silloin hän ilmestyy leijonana, taivaallisen kuninkaana, joka laittaa täytäntöön Jumalan viimeisen tuomion syntistä ihmiskuntaa kohtaan. Uuteen testamenttiin sisältyy kantaisä Heenokin profetia, joka kertoo mitä tämän maailman lopussa tapahtuu, näin sanoin: *"Katso, Herra tulee pyhiensä tuhatlukuisen joukon kanssa, ja panee jokaisen tuomiolle. Hän rankaisee kaikkia jumalattomia jokaisesta teosta,*

*jonka he jumalattomuudessaan ovat
tehneet, ja kaikista julkeista puheista,
joita nuo jumalattomat syntiset ovat
häntä vastaan puhuneet."* (Juud. 1:14–
15). Kristus on hyvä ja vanhurskas
tuomari. Hän antaa jokaiselle ihmiselle
sen, mitä itse kukin on ansainnut.

Mitä tämä Jumalan viimeinen
tuomio merkitsee niille, joilla on usko
Jeesukseen? Puhuessaan opetuslapsille
näistä asioista Jeesus opettaa heitä
seuraavasti: *"Silloin nähdään Ihmisen
Pojan tulevan pilven päällä suuressa
voimassaan ja kirkkaudessaan. Kun
nuo tapahtumat alkavat, nostakaa
rohkeasti päänne pystyyn, sillä teidän
vapautuksenne on lähellä."* (Luuk.
21:27–28). Herramme Jeesuksen
Kristuksen tulemisen päivä,
tuomiopäivä, on vanhurskaille ilon ja
vapauden päivä. Kun meillä on usko
Jeesukseen, Jumala antaa meille kaikki
syntimme anteeksi ja julistaa meille

vapauttavan tuomion. Yksin uskon avulla me voimme olla otollisia Jumalan edessä. *"Jumala on rakkaus."* (1. Joh. 4:16). *"Tämä on hänen käskynsä: Meidän tulee uskoa hänen Poikaansa Jeesukseen Kristukseen ja rakastaa toinen toistamme, niin kuin hän on meitä käskenyt. Joka pitää hänen käskynsä, pysyy Jumalassa, ja Jumala pysyy hänessä. Ja sen, että hän pysyy meissä, me tiedämme Hengestä, jonka hän on meille antanut."* (1. Joh. 4: 23–24). Uskon kautta me saamme osaksemme Jumalan rakastavan armon. Profeetta Jesajan suulla Kristuksen Henki lausuu meille nämä armon sanat: *"Älä pelkää. Minä olen lunastanut sinut. Minä olen sinut nimeltä kutsunut, sinä olet minun."* (Jes. 43:1). Aamen.

Kirkastussunnuntai 18.7.2021

Teksti: Luuk. 9:28–36

"*Armo teille ja rauha Jumalalta, meidän Isältämme, ja Herralta Jeesukselta Kristukselta!*" (1. Kor. 1:3). Oletteko koskaan olleet katselemassa kuuta, joka loistaa taivaalla sydänyöllä? Olen hyvin varma, että näin on meistä monen kohdalla. Kun katselee täysikuuta yötaivaalla, se on upea näky. Kuun valo karkottaa pimeyden ja valaisee maata niin, että voimme nähdä missä kuljemme. Kuitenkin asia on niin, että kuu ei itse tuota valoaan, vaan sen valo on lähtöisin auringosta. Kuu on kuin suuri peili, suuri kuvastin, joka heijastaa auringonvaloa yöllä, siihen aikaan kun aurinko ei ole näkyvissä. Siksi kuu näyttää kirkkaalta ja loistavalta yöaikaan.

Kun yö päättyy, aurinko nousee ja päivä koittaa. Silloin asiat näyttäytyvät hyvin toisenlaisina. Päiväsaikaan voi aina joskus päästä näkemään, kuinka aurinko ja kuu näkyvät taivaalla samaan aikaan. Itse pääsin näkemään tämän aivan hiljattain. Näin, kuinka aurinko loisti häikäisevän kirkkaana, niin kirkkaana, että katse piti kääntää heti pois siitä. Silloin käänsin katseeni kohti kuuta, joka myös näkyi taivaalla samaan aikaan. Kuuta pystyin katselemaan pitemmän aikaa, koska se ei ollut lainkaan kirkas. Päivällä loistavan auringon rinnalla kuu näytti suorastaan kalpealta, vaikka yöllä se oli näyttänyt kirkkaalta. Tämä puheeni auringosta ja kuusta on vertauskuvallista; se kertoo meille, mikä on Kristuksen evankeliumin ja Mooseksen lain välinen suhde, millainen uusi liitto on suhteessa vanhaan.

Päivän evankeliumissa saimme kuulla evankelista Luukkaan kuvauksen siitä, miten Jeesus Kristus kirkastui vuorella kolmelle opetuslapselleen. Nämä kolme opetuslasta olivat Simon Pietari, Jaakob, Sebedeuksen poika, ja hänen veljensä Johannes. He saivat nähdä Jumalan Pojan sellaisena kuin hän todella oli, hänen jumalallisessa muodossaan. Tapahtuma teki näihin kolmeen apostoliin valtavan suuren vaikutuksen. Se säilyi heidän mielissään vielä monia vuosikymmeniä, aina heidän elämänsä loppuun asti. Elämänsä viimeisinä aikoina, noin 35 vuotta myöhemmin, Pietari puhuu toisessa kirjeessään kirkastusvuoren tapahtumista näin sanoin: *"Emmehän me, silloin kun saatoimme teidän tietoonne Herramme Jeesuksen Kristuksen voiman ja tulemisen, olleet lähteneet seuraamaan mitään ovelasti sepitettyjä taruja, vaan olimme omin*

*silmin saaneet nähdä hänen
jumalallisen suuruutensa. Hän sai
Jumalalta, Isältä, kunnian ja
kirkkauden, kun hänelle kantautui
Ylhäisimmän Kirkkauden ääni: "Tämä
on minun rakas Poikani, johon minä
olen mieltynyt." Tämän äänen me itse
kuulimme tulevan taivaasta, kun
olimme hänen kanssaan pyhällä
vuorella."* (2. Piet. 1:16–18). Apostoli
Johannes puhuu evankeliumissaan tästä
tapahtumasta seuraavasti: *"Me saimme
katsella hänen kirkkauttaan, kirkkautta,
jonka Isä ainoalle Pojalle antaa."* (Joh.
1:14). Jeesuksen kirkastuminen ilmaisi
apostoleille, että hän on Jumalan Poika.

Kun opetuslapset olivat vuorella
Jeesuksen kanssa *"hänen kasvojensa
ulkonäkö tuli toiseksi"*, kuten
kreikankielinen alkuteksti
sananmukaisesti asian ilmaisee.
Evankelista Luukas ei tarkemmin
kuvaile, millä tavoin Jeesuksen kasvot

muuttuivat. Sen sijaan evankelista Matteus kertoo meille, että Kristuksen kirkastuessa *"hänen kasvonsa loistivat kuin aurinko"* (Matt. 17:2). Jeesuksen kasvot olivat kirkkaudeltaan kuin aurinko. Tämä on selkeästi ilmaistu Vanhan testamentin kirjoituksissa; muinaisina päivinä Israelin kansa sai osakseen siunauksen Herran nimeen. Tämä kolmiosainen siunaus lausutaan kirkoissa jokaisessa jumalanpalveluksessa yhä tänä päivänäkin. Sen toinen osa kuuluu näin: *"Herra kirkastakoon kasvonsa sinulle ja olkoon sinulle armollinen."* (4. Moos. 6:25). Kirkastusvuorella apostolit saivat nähdä, miten Herra Jeesus Kristus kirkasti kasvonsa heille. Profeetta Malakian kirjassa on kerrottu Jumalan lupauksesta, joka kuuluu näin: *"teille, jotka pelkäätte minun nimeäni, on nouseva pelastuksen aurinko, ja te parannutte sen siipien alla."* (Mal. 4:2).

Jeesus Kristus on tullut pelastamaan meidät synnin ja kuoleman vallasta, kokoamaan meidät yhteen "*niin kuin kanaemo kokoaa poikaset siipiensä suojaan*" (Matt. 23:37). Me kaikki saamme uskoa tämän ja uskon kautta omistaa Kristuksessa Jumalan armon valon. Kristuksen kasvojen kirkkaus viittaa myös siihen, että hän on tullut Uuden liiton välimieheksi, samalla tavoin kuin Mooses, jonka kasvot myös säteilivät, toimi Vanhan liiton välimiehenä.

Raamatun alkulehdillä kerrotaan siitä, miten "*Jumala loi taivaan ja maan.*" (1. Moos. 1:1). Kuitenkin aluksi kaikki oli pimeyden vallassa eikä valoa ollut missään. Silloin "*Jumala sanoi: "Tulkoon valo!" Ja valo tuli.*"" (1. Moos. 1:3). Näin valo sai voiton pimeydestä. Jeesus sanoo: "*Minä olen maailman valo. Se, joka seuraa minua, ei kulje pimeässä, vaan hänellä on elämän valo."* (Joh. 8:12). Kun opimme tuntemaan Jeesuksen tulemme osallisiksi iankaikkisen elämän valkeudesta. Miten me sitten opimme tuntemaan Jeesuksen? Sen saa aikaan Pyhä Henki, Totuuden Henki, jonka Jeesus on antanut johtamaan opetuslapsiaan. Tämä tulee esille seuraavissa Jeesuksen sanoissa: *"Kun Totuuden Henki tulee, hän johtaa teidät tuntemaan koko totuuden. Hän ei näet puhu omissa nimissään, vaan puhuu sen, minkä kuulee, ja ilmoittaa teille, mitä on tuleva. Hän kirkastaa minut, sillä sen, minkä hän teille ilmoittaa, hän saa minulta."* (Joh. 16:13–14). Pyhän Hengen voima on se valo, joka valaisee meidän sydämemme ja opettaa meidät tuntemaan Jumalan ja Kristuksen. Näin toteutuu se, mitä apostoli Paavali opettaa seuraavin sanoin: *"Jumala, joka sanoi: "Tulkoon pimeyteen valo", valaisi itse meidän sydämemme. Näin Jumalan kirkkaus, joka säteilee Kristuksen kasvoilta, opitaan tuntemaan, ja se levittää valoaan."* (2. Kor. 4:6).

Tähän saarnani lopuksi otan vielä esille sen, millainen tulevaisuuden toivo on niillä, jotka uskossa turvaavat Jeesukseen. Kirjeessään efesolaisille Paavali siteeraa varhaiskristillistä hymniä, joka kuuluu näin: *"Herää, sinä joka nukut, ja nouse kuolleista, niin Kristus on sinua valaiseva!"* (Ef. 5:14). Tässä maailmanajassa me olemme vielä tilassa, jossa emme voi suoraan nähdä Kristuksen valoa. Sen sijaan me näemme hänen valonsa kuin peilin, kuvastimen kautta. Kristuksen valo heijastuu meihin sanan ja sakramenttien kautta, samalla tavoin kuin auringon valo heijastuu kuun kautta. Mutta viimeisenä päivänä, kun heräämme uuteen elämään ruumiimme ylösnousemuksessa, kaikki muuttuu:

silloin me näemme Jumalan kirkkauden suoraan, ilman välikäsiä, kuten Paavali lausuu näin sanoin: "*Nyt katselemme vielä kuin kuvastimesta, kuin arvoitusta, mutta silloin näemme kasvoista kasvoihin.*" (1. Kor. 13:12). Aamen.

Loppiainen 6.1.2021
Teksti: Matt. 2:1–12

*"Armo teille ja rauha Jumalalta,
meidän Isältämme, ja Herralta
Jeesukselta Kristukselta!"* (1. Kor. 1:3).
Aamen.

Noin kuukausi sitten,
joulukuussa, julkisessa mediassa
uutisoitiin erikoisesta ja harvinaisesta
taivaanilmiöstä. Uutisissa kerrottiin, että
aurinkokuntamme kaksi suurinta
planeettaa, Jupiter ja Saturnus,
kohtasivat toinen toisensa. Tällaisesta
planeettojen kohtaamisesta käytetään
tähtitieteessä nimitystä "planeettojen
konjunktio". Tämä tarkoittaa, että kaksi
planeettaa asettuu samalle linjalle.
Silloin ne näyttävät maasta katsottuna
yhdeltä tähdeltä. On esitetty teoria, että
tällainen Jupiterin ja Saturnuksen
konjunktio olisi tapahtunut myös
Jeesuksen syntymän aikaan. Silloin

Beetlehemin tähti olisi tarkoittanut tällaista taivaanilmiötä. Jeesuksen syntymän aikaan Jupiteria pidettiin kuninkaantähtenä ja Saturnusta juutalaisten tähtenä. Näin ollen, näiden tähtien kohtaaminen oli merkinnyt juutalaisten kuninkaan syntymää. Joulukuussa huomasin myös, että Tieteen kuvalehdessä esitettiin toisenlainen teoria joulutähdestä. Tämän teorian mukaan mukaan Beetlehemin tähti olisi ehkä ollut supernova, se on, elinkaarensa lopussa oleva, räjähtävä tähti. Nämä teoriat olivat minulle itselleni jo vanhastaan tuttuja. Olin myös kuullut sellaisen teorian, että Beetlehemin tähti olisi ollut taivaalla näkynyt komeetta eli pyrstötähti Jeesuksen syntymän aikaan. Mikä Beetlehemin tähti oikeastaan oli ja mitä tämä tähti merkitsee meille? Ryhtykäämme miettimään asiaa evankeliumin valossa.

Päivän evankeliumissa saimme kuulla siitä, miten idän tietäjät saapuivat Jeesus-lapsen luo Beetlehemiin. Heidät johdatti perille tähti, jonka he näkivät nousevan taivaalle. Tämä tähti myös kulki heidän edellään ja pysähtyi sen paikan yläpuolelle, jossa lapsi oli. Miten tämä voi olla mahdollista? Jokainen, joka on katsellut tähtiä yötaivaalla, tietää, että tähdet liikkuvat hyvin tarkasti ja säännönmukaisesti ratojaan pitkin. Ne eivät liiku sellaisella tavalla kuin evankeiumissa kuvattu Beetlehemin tähti. Lisäksi tähdet ovat suunnattoman kaukana, niin kaukana, että ihmisjärki ei voi sitä käsittää. Mielestäni on hyvin ilmeistä, että evankeliumissa kuvattu tähti ei voinut olla mikään luonnollinen taivaanilmiö, sellainen kuin planeettojen konjuktio, supernova tai komeetta. Mikään sellainen ei vain sovi yhteen päivän evankeliumin kanssa, kun teksti luetaan sellaisena kuin se on. Kyseessä täytyy olla paljon suurempi ja ihmeellisempi asia, yliluonnollinen ilmiö.

Mikä Beetlehemin tähti siis oli? Oma tulkintani on, että kyseessä oli Jumalan enkeli, joka loisti taivaalla ja johdatti itämaan tietäjiä. Raamatun teksteissä enkelit samaistetaan monessa kohden taivaan tähtiin.

Ilmestyskirjassaan apostoli Johannes lausuu näin: *"Viides enkeli puhalsi torveensa. Silloin minä näin, että taivaasta oli pudonnut maahan tähti. Sille annettiin syvyyden kuilun avain, ja se avasi tuon syvyyteen vievän kuilun."* (Ilm. 9:1–2). Juudaksen kirjeessä puhutaan langenneista enkeleistä, jotka ovat *"radaltaan harhautuneita tähtiä"* (Juud. 1:13). Jesajan kirjassa lausutaan paholaisesta, että hän on *"Kointähti, sarastuksen poika"* (Jes. 14:12). Lisäksi on huomattava, että Jeesuksen syntymän aikaan enkeleiden uskottiin

ohjailevan ja hallitsevan taivaan tähtiä.
Jeesuksen ajan juutalaisuudessa enkelit
ja tähdet liitettiin vahvasti yhteen.
Enkeleiden rooli ihmisten johdattajina
on myös Raamatun teksteissä vahvasti
läsnä. Toisessa Mooseksen kirjassa
kerrotaan Herran enkelistä, joka johdatti
Israelin kansaa erämaassa. Tämä enkeli
kulki päiväsaikaan pilvipatsaassa ja
yöllä tulipatsaassa. Kun otetaan
huomioon tämänkaltaisia asioita, meille
alkaa valjeta se, mitä evankelista
Matteus on tarkoittanut puhuessaan
Beetlehemin tähdestä. Se oli Jumalan
antama ihmeellinen merkki, jollaista ei
koskaan aiemmin ollut nähty. Tähti oli
Jumalan lähettämä enkeli, joka
valollaan johdatti tietäjät itäiseltä
maalta Beetlehemiin, jossa Jeesus-lapsi
oli syntynyt. Samalla tavoin kuin
Herran enkeli oli muinaisina päivinä
johdattanut Israelin kansaa
pilvipatsaassa ja tulipatsaassa, niin hän

nyt johdatti ihmeellisessä tähdessä idän tietäjät Jeesuksen, Israelin Messiaan luo. Tämä tulkinta sopii parhaiten yhteen Matteuksen evankeliumin kanssa, ja siksi itse pidän sitä tekstin oikeana selityksenä. Kuitenkin, vaikka hyväksyisimme tämän esitttämäni selityksen, onko se tärkein asia tässä päivän evankeliumissa? Ei suinkaan. Tämä tulee selkeästi esille kun evankeliumia tarkastellaan lähemmin. Kun itämaan tietäjät saapuvat Jerusalemiin kuningas Herodeksen luo, mitä he sanovat? He esittävät kysymyksen: *"Missä on se äsken syntynyt juutalaisten kuningas?"* (Matt. 2:2). Missä on juutalaisten kuningas, Israelin Messias, Kristus? Tietäjät olivat saaneet tietoonsa Jeesuksen syntymän, koska he olivat nähneet taivaalla hänen tähtensä. Vanhassa testamentissa, Mooseksen laissa, on kirjoitettuna tämä profetia: "*Tähti nousee Jaakobista, ja valtikka kohoaa Israelista.*" (4. Moos. 24:17). Voidaan ajatella, että itämaan tietäjät tunsivat tämän profetian. He ymmärivät, mitä taivaalle ilmaantunut tähti merkitsi. Se oli Kristuksen, Israelin kuninkaan, merkki. Siksi tietäjät lähtivät idästä, pitkän matkan takaa, kohti juutalaisten pyhää maata. He tulivat kumartamaan sitä juutalaisten kuningasta, jonka syntymän tähti ilmoitti. Tietäjille Beetlehemin tähti ei itsessään ollut syy pitkään ja vaaralliseen matkaan, jonka he päättivät tehdä. Ei, vaan Jeesus Kristus, juutalaisten kuningas, Israelin Messias, oli heidän matkansa syy ja määränpää. Itämaan tietäjät uskoivat, että Kristus oli se todellinen tähti, jonka kirkkautta heijasteli taivaalla näkyvä ihmeellinen tähti. Kun tietäjät saivat nähdä Jeesus-lapsen äitinsä Marian helmassa, he saivat nähdä maailman valkeuden.

Mitä Beetlehemin tähti merkitsee meille, tämän päivän kristityille? Me emme voi koskaan varmuudella sanoa, mikä tämä ihmeellinen tähti oikeastaan oli. Ehkä se oli Jumalan enkeli, ehkä se oli jotain muuta. Beetlehemin tähti on ollut mysteeri, Jumalan salaisuus, jo yli kahdentuhannen vuoden ajan, ja sellaisena se myös pysyy. Mutta olennaista ei ole se, että me varmasti tietäisimme, mikä tämä tähti todella oli. Tärkeintä on se, että me tiedämme, ketä se edustaa. Tähti edustaa meille Kristusta, Israelin kuningasta, niin kuin myös itämaan tietäjille aikoinaan. Ja kun me uskomme Jeesukseen niin kuin tietäjät uskoivat, me pääsemme yhdessä heidän kanssaan perille Beetlehemiin, siihen taivaalliseen kirkkauteen, joka valaisee jokaisen ihmisen. Jeesus sanoo: *"Minä olen Daavidin juuriverso ja suku, kirkas aamutähti."* (Ilm. 22:16). Aamen.

2. sunnuntai joulusta 3.1.2021
Teksti: Joh. 7:14–18

"Armo teille ja rauha Jumalalta, meidän Isältämme, ja Herralta Jeesukselta Kristukselta!" (1. Kor. 1:3). Aamen.
"En etsi valtaa, loistoa, en kaipaa kultaakaan, ma pyydän taivaan valoa ja rauhaa päälle maan." Näin lauletaan tunnetussa jouluvirressä, virressä 31, tekstin vanhan suomennoksen mukaan. Nämä sanat ovat kauniit ja ilmaisevat syvän ajatuksen. Jokainen kristitty voi varmasti yhtyä täysin sydämin siihen toteamukseen, että juuri näin asian pitäisi olla. Kaikkien ihmisten pitäisi tahtoa ja etsiä sitä kunniaa, joka kuuluu Jumalalle, heidän taivaalliselle Isälleen. Kuitenkin nykytodellisuus on sellainen, että valtaosa ihmisistä ei etsi Jumalan kunniaa. Sen sijaan ihmiset etsivät sitä

kunniaa, joka on osoitettu heille itselleen. Ihmiset etsivät rahaa, valtaa, tietoa ja taitoa sen vuoksi, että he saisivat osakseen kunniaa ja ihailua toisilta ihmisiltä. He etsivät vain omaa kunniaansa, Jumalan kunniasta he eivät välitä. Samantyyppinen tilanne vallitsi myös Jeesuksen toimiessa maan päällä.

Päivän evankeliumissa kerrotaan meille siitä, mitä Jeesus sanoi ja teki ollessaan lehtimajanjuhlilla Jerusalemissa. Lehtimajanjuhla oli yksi juutalaisten kolmesta suuresta vuosijuhlasta, joiden vieton Jumala oli säätänyt Mooseksen laissa. Lehtimajanjuhlan vietolla muistettiin Israelin kansan erämaavaellusta, jonka aikana israelilaiset olivat asuneet lehtimajoissa. Johanneksen evankeliumi on Uuden testamentin evankeliumeista ainoa, joka kertoo Jeesuksen osallistuneen näille juhlille. Juutalaiset kokoontuivat Jerusalemiin joka vuosi määrättyyn aikaan viettämään lehtimajanjuhlaa. Myös Jeesus osallistui näille juhlille, koska näin hän osoitti kuuliaisuutta Mooseksen lakia kohtaan. Kuitenkin tämä juhlille osallistuminen oli Jeesukselle riskialtista. Hänen vastustajansa etsivät häntä ja halusivat tappaa hänet. Tämä johtui siitä, että Jeesus oli parantanut erään miehen sapattina, ja tätä hänen vastustajansa pitivät jumalanpilkkana. Jumala ei kuitenkaan vielä lehtimajanjuhlan aikaan sallinut heidän käydä käsiksi Jeesukseen, koska hänen aikansa ei ollut vielä silloin koittanut.

Päivän evankeliumissa Jeesus puhuu siitä kunniasta, jota hän tahtoo lähettäjälleen. Kuka on tämä Jeesuksen lähettäjä? Johanneksen evankeliumissa ylösnoussut Jeesus ilmestyy opetuslapsille ja lausuu heille näin: *"Niinkuin Isä on lähettänyt minut, niin lähetän minäkin teidät."* (Joh. 20:21).

Kun Jeesus puhuu päivän
evankeliumissa omasta lähettäjästään,
hän tarkoittaa Jumalaa, taivaallista
Isäänsä. Jeesus Kristus, Jumalan Poika,
tahtoo kunniaa Isälleen, joka on hänet
lähettänyt. Jeesus hankkii kunniaa
Isälleen opettamalla ihmisille sitä oppia,
joka on lähtöisin Jumalasta.
Johanneksen evankeliumi sisältää
Johannes Kastajan antaman todistuksen
Kristuksesta, joka kuuluu näin: *"Joka
ottaa hänen todistuksensa vastaan,
tunnustaa, että Jumala puhuu totta,
sillä hän, jonka Jumala on lähettänyt,
puhuu julki Jumalan sanat."* (Joh. 3:33–
34). Näissä Johannes Kastajan sanoissa
tulee esille Jeesuksen tehtävä Jumalan
profeettana. Vanhan testamentin aikana
profeetat olivat Jumalan valitsemia
ihmisiä, jotka julistivat hänen sanaansa
Israelin kansalle. Profeetat eivät etsineet
kunniaa itselleen vaan Jumalalle, joka
oli lähettänyt heidät julistamaan

Jumalan sanaa. Profeettojen opetus ei ollut lähtöisin heistä itsestään vaan Jumalasta, joka oli lähettänyt heidät. Profeetan tehtävä oli puhua ne sanat, jotka hän sai Jumalalta. Profeetat puhuivat Israelin kansalle sitä, mitä kansan piti kuulla, eivät sitä, mitä kansa halusi kuulla. Tästä syystä Vanhan testamentin profeetat joutuivat hyvin usein vihan ja vainon kohteeksi, koska heidän julistamansa Jumalan sana ei miellyttänyt syntistä Israelin kansaa. Näin tapahtui myös Jeesukselle, joka Jumalan Poikana oli kaikkia profeettoja suurempi.

Onko Jumalan lähettämän sananpalvelijan kohtalona jäädä kokonaan ilman kunniaa? Ei ole. Jokainen, joka antaa Jumalalle kunnian, sille myös Jumala antaa kunnian. Tämä tulee selvästi esiin Herramme Jeesuksen kohdalla. Apostoli Paavali puhuu tästä Kristuksen kunniasta näin sanoin:

*"Hänellä oli Jumalan muoto, mutta hän
ei pitänyt kiinni oikeudestaan olla
Jumalan vertainen vaan luopui
omastaan. Hän otti orjan muodon ja
tuli ihmisten kaltaiseksi. Hän eli
ihmisenä ihmisten joukossa, hän alensi
itsensä ja oli kuuliainen kuolemaan
asti, ristinkuolemaan asti. Sen tähden
Jumala on korottanut hänet yli kaiken
ja antanut hänelle nimen, kaikkia muita
nimiä korkeamman."* (Fil. 2:6–9). Tässä
Paavalin lausumassa varhaisessa
Kristus-hymnissä tulee selkeästi esille,
keneltä Jeesus halusi saada osakseen
kunniaa. Hän ei etsinyt sitä kunniaa,
jonka ihmiset antavat, vaan sitä
kunniaa, jonka Jumala antaa. Samoin
tekivät myös Vanhan testamentin ajan
profeetat, jotka etsivät Jumalalta tulevaa
kunniaa. Johanneksen evankeliumissa
Jeesus sanoo vastustajilleen näin:
*"Kuinka te voisitte uskoa, te, jotka
otatte vastaan kunniaa toinen*

toiseltanne, ettekä etsi sitä kunniaa,
mikä tulee häneltä, joka yksin on
Jumala?" (Joh. 5:44). Näillä sanoillaan
Jeesus nuhtelee vastustajiaan siitä, että
nämä eivät etsi Jumalalta tulevaa
kunniaa, vaan ihmisiltä tulevaa kunniaa.
Siksi he eivät ota vastaan Jumalan sanaa
eivätkä usko Jeesukseen, jonka Jumala
on lähettänyt sanaa julistamaan.

Miten siis on? Keneltä sinä tahdot
saada osaksesi kunniaa, Jumalalta vai
ihmisiltä? Tämä on kristitylle
omantunnonkysymys, jota jokainen voi
miettiä itse omassa sydämessään.
Meidän tulee uskaltaa kysyä
itseltämme, missä meidän sydämemme
on. Onko se Jumalassa vai maailmassa?
Jos sydämemme on Jumalassa, me
olemme uskossa Jeesukseen. Jos taas
sydämemme on maailmassa, me emme
ole uskossa. Raamattu, Jumalan sana,
ilmaisee hyvin selkeästi, että me emme
voi rakastaa sekä Jumalaa että

maailmaa. Jaakobin kirjeessä lukee näin: *"Ettekö tiedä, että rakkaus maailmaan on vihaa Jumalaa kohtaan? Joka tahtoo olla maailman ystävä, asettuu Jumalan viholliseksi."* (Jaak. 4:4). Näin ollen kristitty ei voi tavoitella kunniaa sekä Jumalalta että maailmalta. Voimme tavoitella vain toista näistä kahdesta, toisen hyväksyminen merkitsee toisen hylkäämistä. Kristuksen kirkon ei tule tavoitella sitä kunniaa, jota epäuskoinen maailma osoittaa. Sen sijaan kristillisen kirkon tulee etsiä ainoastaan sitä kunniaa, jonka Jumala antaa. Se, joka etsii kunniaa Jumalalle, saa myös itse osakseen kunnian Jumalalta. Jumalan antaman kunnian rinnalla maailmalta tuleva kunnia on täysin arvotonta. Totta on myös se, että ne, jotka etsivät Jumalan kunniaa, joutuvat maailman vihaamiksi ja halveksimiksi. Tästä ei ole kuitenkaan syytä pelästyä, sillä

Jumala on maailmaa suurempi. Siksi hän voi pelastaa meidät kaikelta pahalta, jota epäuskoisessa maailmassa on. Etsikäämme siis ainoastaan Jumalan kunniaa niin hän antaa meille kunnian. Silloin meidän kohdallamme käyvät toteen nämä Herramme Jeesuksen Kristuksen sanat: *"Tämän minä olen teille puhunut, että teillä olisi minussa rauha. Maailmassa teillä on ahdistus; mutta olkaa turvallisella mielellä: minä olen voittanut maailman."* (Joh. 16:33). Aamen.

Uudenvuodenpäivä 1.1.2021
Teksti: Matt. 4:12–16

"Armo teille ja rauha Jumalalta, meidän Isältämme, ja Herralta Jeesukselta Kristukselta." (1. Kor. 1:3). Aamen.

Oletteko koskaan huomanneet sitä, miten usein ihmiset kiinnittävät huomiota syntyperään? Nykyään on mahdollista DNA-tutkimusten ja monipuolisten sukuselvitysten ansiosta jäljittää omaa syntyperäänsä kauas menneisyyteen, jopa vuosisatojen päähän. Meillä on halua selvittää, millaisia esi-isiä meillä on ja minkälaiseen sukuun kuulumme, hyvään vai huonoon. Kukapa ei haluaisi kuulua sukuun, jolla on loistelias menneisyys ja vauras nykyisyys. Jos sukuselvityksen tuloksena menneisyydestä sattuu löytymään joku uljas esi-isä, silloin ihminen alkaa

helposti ylpeillä asiasta. Mutta onko
tällä asialla lopulta mitään merkitystä?
Pohtikaamme asiaa evankeliumin
valossa.

Päivän evankeliumissa kerrotaan
siitä, miten Herramme Jeesus aloitti
julkisen toimintansa. Aivan aluksi
kerrotaan siitä, että Johannes Kastaja
joutui vankeuteen. Neljännesruhtinas
Herodes Antipas oli vihastunut
Johannekseen tämän julkisen toiminnan
vuoksi. Siksi Herodes antoi vangita
Johanneksen ja lopulta myös mestautti
hänet. Jeesus oli odottanut oikeaa
hetkeä, jotta hän voisi aloittaa oman
julkisen toimintansa. Kun Jeesus sai
kuulla, että Johanes Kastajan julkinen
toiminta oli tullut päätökseen, hän tiesi
oman hetkensä koittaneen. Hän lähti
kotikaupungistaan Nasaretista, koska
tiesi tuttujen ihmisten torjuvan hänen
sanomansa. Ei Jeesus turhaan ole
sanonut: *"Missään ei profeetta ole niin*

väheksytty kuin kotikaupungissaan,
sukulaistensa parissa ja omassa
kodissaan." (Mark. 6:4). Tästä syystä
Jeesus muutti pois Nasaretista ja asettui
asumaan toiseen kaupunkiin,
Kapernaumiin, Gennesaretin järven
rannalle. Kyseinen rantakaupunki
sijaitsi sillä aluella, jossa muinaisina
päivinä olivat asuneet ne israelilaiset,
jotka kuuluivat Sebuloinin ja Naftalin
heimoihin. Tässä yhteydessä
evankelista Matteus viittaa profeetta
Jesajan kirjan sanoihin, jotka ovat
saaneet täyttymyksensä Jeesuksen
asettuessa asumaan Kapernaumiin.

Näihin Jesajan profetian sanoihin
sisältyy suuri salaisuus, uskon mysteeri,
joka avautuu kaikkein selvimmin
Raamatun alkutekstistä. Evankeliumin
suomennos, jonka saimme vähän aikaa
sitten kuulla, puhuu "muukalaisten
Galileasta" tässä Jesajan profetiassa.
Uuden testamentin kreikankielisessä

alkutekstissä kyseinen ilmaus on Galilaia toon ethnoon, joka sananmukaisesti tarkoittaa "kansojen Galileaa". Mitä kansoja tällä tarkoitetaan? Kreikankielisen tekstin taustalla on Jesajan kirjan hepreankielinen alkuteksti, jossa tässä yhteydessä käytetään kansoista sanaa goojiim. Vanhassa testamentissa tällä sanalla viitataan yleensä pakanakansoihin, ei-juutalaisiin. Mielestäni on erittäin perusteltua ajatella, että Jesajan profetian ilmaus "kansojen Galilea" on ymmärrettävä "pakanoiden Galileaksi". Näin sen tulkitsee myös aiempi, 1930-luvun kirkkoraamattu.

Tässä Jesajan profetiassa puhutaan erilaista kansoista. Aluksi mainitaan Israelin valittuun kansaan kuuluvat heimot, Sebulon ja Naftali. Sen jälkeen esiintyy viittaus pakanakansoihin, joka merkitsee

kaikkia muita maailman kansoja.
Näiden kansojen jälkeen profeetta
puhuu "kansasta, joka asui
pimeydessä." Mikä tämä kansa sitten
on? Se tarkoittaa kaikkia maailman
ihmisiä, niin israelilaisia kuin kaikkia
muitakin. Apostoli Paavali puhuu
Roomalaiskirjeessään ihmiskunnan
surkeasta tilasta, siitä miten *"kaikki
ovat tehneet syntiä ja ovat vailla
Jumalan kirkkautta."* (Room. 3:23).
Jumalan edessä syntiset ihmiset ovat
yksi kansa, joka vaeltaa synnin
pimeydessä. Kuitenkin profeetta Jesaja
puhuu siitä, että tämä kansa saa nähdä
"suuren valon." Tämä valo ei voi
tarkoittaa ketään muuta kuin Jeesusta
Kristusta, Jumalan Poikaa. Jeesus itse
on sanonut näin: *"Minä olen maailman
valo. Se, joka seuraa minua, ei kulje
pimeässä, vaan hänellä on elämän
valo."* (Joh. 8:12). Jeesus on
pelastuksen valo kaikille maailman

kansoille, niin juutalaisille kuin muillekin. Evankelista Luukas kertoo meille, miten hurskas vanha Simeon sai nähdä temppelissä Jeesus-lapsen ja ottaa hänet syliinsä. Sillä hetkellä Simeon lausui nämä sanat: *"Herra, nyt sinä annat palvelijasi rauhassa lähteä, niin kuin olet luvannut. Minun silmäni ovat nähneet sinun pelastuksesi, jonka olet kaikille kansoille valmistanut: valon, joka koittaa pakanakansoille, kirkkauden, joka loistaa kansallesi Israelille."* (Luuk. 2:29–32). Näissä vanhan Simeonin sanoissa tulee esille se suuri totuus, jonka myös profeetta Jesaja aikanaan lausui. Jeesus Kristus on pelastuksen valo kaikille kansoille, niin Israelille kuin pakanoille. Mitään toista tietä pelastukseen ei ole olemassa. Jeesus itse on sanonut: *"Minä olen tie, totuus ja elämä. Ei kukaan pääse Isän luo muuten kuin minun kauttani."* (Joh. 14:6). Jeesus on täten ainoa pelastuksen tie, vanhurskauden aurinko, kaikille kansoille.

Saarnani alussa puhuin siitä, miten ihmiset kiinnittävät huomiota syntyperäänsä. Kuitenkin Jumalan sanan mukaan tällä ei ole mitään merkitystä. Olipa ihminen syntyperältään mitä tahansa, hän on silti synnin turmelema. Jokainen ihminen kuuluu siihen kansaan, joka vaeltaa synnin ja turmeluksen pimeydessä. Siksi meillä ei ole mitään tarvetta laatia sukuluetteloja, jotka ulottuvat kauas menneisyyteen. Sellainen on parhaassa tapauksessakin tarpeetonta, pahimmillaan jopa vahingollista. Uudessa testamentissa on varoitus tällaisesta toiminnasta, jonka apostoli Paavali lausuu Timoteukselle näin sanoin: *"Makedoniaan lähtiessäni kehotin sinua jäämään Efesokseen, jotta kieltäisit siellä eräitä levittämästä vieraita oppeja ja harrastamasta taruja ja noita loputtomia sukuluetteloita. Ne johtavat vain turhiin tutkisteluihin eivätkä palvele Jumalan suunnitelmaa, joka avautuu vain uskolle.*" (1. Tim. 1:3–4). Näiden Paavalin sanojen nojalla meidän ei ole syytä laatia sukuluetteloita oman itsetuntomme kohottamiseksi. Sen sijaan meidän tulee aina pitäytyä siihen apostoliseen opetukseen, jonka apostoli Pietari lausuu näin opettaessaan Jeesuksesta: *"Hänestä kaikki profeetat todistavat, että jokainen, joka uskoo häneen, saa hänen nimensä voimasta syntinsä anteeksi.*" (Ap. t. 10:43). Apostolien opetuksen mukaan Jeesuksen nimi tuo meille pelastuksen. Jeesuksen nimi, hepreaksi *Jeeshuua*, tarkoittaa suomeksi "Herra pelastaa." Jeesus on Herra. Hän pelastaa meidät kun uskomme hänen nimeensä. *"Tämä sana on varma ja vastaanottamisen arvoinen.*" (1. Tim. 1:15). Aamen.

Apostoli Johanneksen päivä
27.12.2020
Teksti: Joh. 21:19–24

"*Armo teille ja rauha Jumalalta,
meidän Isältämme, ja Herralta
Jeesukselta Kristukselta!*" (1. Kor. 1:3).
Aamen. "*Ollako vai eikö olla? Kas siinä
pulma.*" Juuri näillä sanoilla
pohdiskelee omaa kohtaloaan Tanskan
prinssi Hamlet kuuluisassa näytelmässä,
jonka kirjoitti englantilainen
näytelmäkirjailija William Shakespeare
vuoden 1600 tienoilla. Tämä kysymys
liittyy hyvin läheisesti myös tämän
päivän evankeliumiin. Tässä
evankeliumissa Jeesus puhuu Pietarille
siitä, mitä tapahtuisi sille opetuslapselle,
jota hän rakasti, kuten kreikankielisessä
alkutekstissä sananmukaisesti
ilmaistaan. Johanneksen evankeliumissa
esiintyy salaperäinen opetuslapsi, jonka

nimeä ei missään kohdassa mainita. Hänen henkilöllisyytensä jätetään tavallaan salatuksi, lukijan itsensä selvitettäväksi. Vanha kirkollinen traditio tulkitsee, että tämä Jeesuksen rakastama opetuslapsi oli apostoli Johannes, Sebedeuksen poika. Lisäksi tradition mukaan tämä apostoli on myös kirjoittanut neljännen evankeliumin, Johanneksen evankeliumin. Voidaan esittää vahvoja perusteita, jotka tukevat tämän vanhan tradition luotettavuutta. Itse olen sillä kannalla, että tässä kohden kirkollinen traditio on oikeassa. Tällöin apostoli Johannes on neljännen evankeliumin tekijä, ja tekstissä esiintyvä salaperäinen "rakas opetuslapsi" on hänen nimimerkkinsä. Voidaan ajatella, että apostoli halusi tällä tavoin salata oman henkilöllisyytensä, jotta lukija selvittäisi asian itse.

Päivän evankeliumissa Pietari kysyy Jeesukselta, mitä tulisi tapahtumaan tälle opetuslapselle, Johannekselle. Tähän kysymykseen Jeesus ei kuitenkaan anna suoraa vastausta. Sen sijaan hän esittää hyvin samantyyppisen kysymyksen kuin Hamlet tekee sanoessaan: *"Ollako vai eikö olla?"*. Jeesus puhuu tässä yhteydessä toisen tulemisensa hetkestä. Kyse on siitä hetkestä, jolloin Jeesus palaa takaisin tähän maailmaan voimassaan ja kirkkaudessaan, tuomitsemaan eläviä ja kuolleita. Pietarille antamassaan vastauksessa Jeesus puhuu apostoli Johanneksesta tämän toisen tulemisensa yhteydessä. Jeesus sanoo Pietarille: *"Mitä se sinulle kuuluu, vaikka tahtoisin hänen jäävän tänne aina siihen asti kun tulen?"* (Joh. 21:22). Mitä nämä Jeesuksen sanat tarkoittavat? Sanooko hän tässä, että apostoli Johannes olisi elossa hänen toiseen tulemiseensa asti? Kirkollisen tradition mukaan Johannes oli Jeesuksen kahdestatoista apostolista ainoa, joka ei koskaan kärsinyt marttyrikuolemaa vaan nukkui rauhallisesti pois, vanhana ja ikääntyneenä. Evankeliumista käy ilmi, että alkukirkon aikana esiintyi näkemys, jonka mukaan Jeesus tulisi takaisin apostoli Johanneksen elinaikana. Ajan myötä Johannes lopulta kuoli eikä Jeesus ollut vielä palannut. Kuitenkin päivän evankeliumista käy ilmi, mitä Jeesus todella sanoi Pietarille koskien Johannesta. Jeesus ei sano, että Johannes olisi elossa hänen toiseen tulemiseensa saakka. Jeesuksen sanat merkitsevät, että Johannes voi olla vielä silloin elossa, mutta hän voi olla myös kuollut. Jeesus ei ota kantaa siihen, onko tämä "rakastettu apostoli" vielä elossa sinä päivänä, jonka hän palaa tähän maailmaan. Sen sijaan Jeesus

esittää vastauksensa Pietarille
kysymyksen muodossa, joka jättää asian
täysin avoimeksi.
Tämä opetus, jonka Jeesus aikoinaan
osoitti Pietarille, on osoitettu myös
meille tänä päivänä. Yhä edelleen
kristittyjen mieliä vaivaa kysymys siitä,
milloin Herra Jeesus palaa tähän
maailmaan. Tänä päivänäkin on
maailmassa monia sellaisia, jotka
ajattelevat olevansa elossa Herran
tulemisen hetkellä. Mutta mistä he
voivat näin varmasti tietää, milloin
Jeesus tulee takaisin? Kun Jeesus oli
astumassa taivaaseen, opetuslapset
kysyivät häneltä: *"Herra, onko nyt
tullut se aika, jolloin sinä rakennat
Israelin valtakunnan uudelleen?"* (Ap.
t. 1:6). Tähän Jeesus antoi vastauksena
nämä sanat: *"Ei teidän kuulu tietää
aikoja eikä hetkiä, jotka Isä oman
valtansa nojalla on asettanut."* (Ap. t.
1:7). Näiden Herran sanojen edessä on

syytä olla nöyrällä ja kuuliaisella mielellä. Kun minä olen miettinyt kysymystä siitä, olenko minä itse elossa Herran Jeesuksen tulemisen päivänä, pohdinta on samanlainen kuin Shakespearen Hamletilla. *"Ollako vai eikö olla?"*. Entä millä tavoin minä vastaan tähän kysymykseen? Vastaus on, että minä voin olla elossa Jeesuksen tulemisen päivänä, mutta voin olla myös kuollut. Minä näen itseni aivan samassa tilanteessa kuin apostoli Johannes aikoinaan.

Itse kunkin meistä tulee soveltaa itseensä ne sanat, jotka Jeesus lausuu Johanneksesta tässä päivän evankeliumissa. Meidän tulee olla nöyriä sen totuuden edessä, että emme voi tietää Herran tulemisen ajankohtaa. Siksi emme voi olla varmoja, tapahtuuko tämä Jeesuksen paluu meidän oman elämämme aikana vai vasta kuolemamme jälkeen. On tietysti hyvin houkuttelevaa ajatella, että itse pääsisi näkemään Kristuksen tulemisen päivän, ilman kuoleman näkemistä. Ihmiselle onkin varsin tyypillistä ajatella, että juuri minun aikanani kaikki tärkeät ja ratkaisevat tapahtumat käyvät toteen. Kuinka moni onkaan parintuhannen vuoden aikana ajatellut, että Jeesus palaa takaisin juuri minun elinaikanani? Luulenpa, että jos kaikkien näiden ihmisten nimet kirjoitettaisiin listaan, siitä tulisi ylivoimaisesti pisin kautta aikojen. Voidaan todella sanoa, että Kristuksen toisen tulemisen hetki on meiltä salattu, kuten Jeesus itse on meitä opettanut.

Miten meidän siis tulee ajatella? Vastaukseksi sopivat hyvin nämä apostoli Paavalin sanat: *"Jumala ei ole tarkoittanut, että saisimme osaksemme vihan vaan että pelastuisimme Herramme Jeesuksen Kristuksen tullessa. Kristus on kuollut*

*puolestamme, jotta saisimme elää
yhdessä hänen kanssaan, olimmepa
valveilla tai kuoleman unessa."* (1. Tess.
5:9–10). Tällä tavoin Paavali opetti
aikoinaan Tessalonikan seurakunnan
kristittyjä, ja tämä opetus puhuttelee
myös meitä, nykypäivän kristittyjä.
Kristityn ei tarvitse olla huolissaan siitä,
onko hän elossa vai kuollut Herran
Jeesuksen tulemisen aikaan. Sen sijaan
merkitystä on vain tällä: Kristus on
kuollut meidän puolestamme, jotta me
pelastuisimme hänen tullessaan ja
saisimme elää. Jeesus Kristus tulee
kyllä aikanaan takaisin, se on varmaa.
Ja kun hän tulee, me voimme olla elossa
tai sitten olemme kuolleita. Kuitenkaan
sillä ei ole merkitystä, olemmeko elossa
vai kuolleita, koska Kristuksen tullessa
kaikki häneen uskovat saavat uuden
elämän hänen kanssaan. Tämän lausuu
apostoli Paavali opettaessaan
tessalonikalaisia kritittyjä näin sanoin:

*"Itse Herra laskeutuu taivaasta
ylienkelin käskyhuudon kuuluessa ja
Jumalan pasuunan kaikuessa, ja ensin
nousevat ylös ne, jotka ovat kuolleet
Kristukseen uskovina. Meidät, jotka
olemme vielä elossa ja täällä jäljellä,
temmataan sitten yhdessä heidän
kanssaan pilvissä yläilmoihin Herraa
vastaan. Näin saamme olla aina
Herran kanssa."* (1. Tess. 4:16–17).
Näissä Paavalin sanoissa tulee esiin
juuri se elävä toivo, joka on tarkoitettu
jokaisen Jeesukseen uskovan kristityn
osaksi. Kun meillä on sydämessämme
elävä usko Jeesukseen, me saamme
hänen tullessaan uuden elämän,
iankaikkisen elämän. Tämä Kristus-
usko oli myös apostoli Johanneksella,
Jeesuksen rakkaalla opetuslapsella.
Siksi viimeisenä päivänä me saamme
nousta yhdessä hänen ja kaikkien
pyhien kanssa uuteen elämään, joka on

yksin sydämen uskosta, yksin Jumalan armosta. Aamen.

23. sunnuntai helluntaista 8.11.2020
Teksti: Matt. 18:15–22

"Erehtyminen on inhimillistä, anteeksiantaminen jumalallista." Siinä vasta hieno ja paikkansapitävä lausahdus, joka tiettävästi on peräisin vanhan kirkon ajoilta, kirkkoisä Hieronymukselta. Mistä me voimme tietää, että tämä lause on tosi? Sen alkuosan "erehtyminen on inhimillistä" on varmasti itse kukin meistä voinut kokea todeksi omassa elämässään, tavalla tai toisella. Milloin sinä olet viimeksi sanonut tai tehnyt jotain sellaista, mitä ei olisi pitänyt? Tai oletko jättänyt sanomatta tai tekemättä jotain sellaista, mitä sinun olisi pitänyt sanoa ja tehdä? Itse kukin meistä voi nyt miettiä asiaa hetken aikaa hiljaisuudessa. – – (hiljaisuus). No niin. Tuliko teille mieleen omaan elämäänne liittyviä erehdyksiä ja virheitä? Minulle

ainakin tuli mieleen sellaisia omasta elämästäni – ja monta tulikin. Mutta ei se haittaa. Erehtyminen on ihmiselle ominaista, sitä ei voi kukaan täysin välttää omassa elämässään. Näin voimme todeta että lauseen "Erehtyminen on inhimillistä, anteeksiantaminen jumalallista" alkuosa pitää paikkansa. Erehtyminen on inhimillistä, se on päivänselvä tosiasia. Kuitenkin tämän lauseen loppuosa jää vielä varsin epäselväksi. Miksi anteeksiantaminen on jumalallista? Vastausta tähän kysymykseen lähdemme etsimään päivän evankeliumista. Siinä Jeesus puhuu opetuslapsilleen siitä, miten hänen seurakunnassaan tulee käyttää avaintenvaltaa. Tämä valta liittyy olennaisesti anteeksiantamiseen, nimittäin syntien anteeksiantamiseen. Kristinuskon mukaan synti tarkoittaa kaikkea sellaista, mikä erottaa meidät

Jumalasta. Kun me sanomme tai
teemme jotain sellaista, mitä Jumala ei
tahdo meidän sanovan tai tekevän, me
teemme syntiä. Jumala on ilmoittanut
tahtonsa laissaan, jonka käskyjä meidän
tulisi noudattaa. Me emme kuitenkaan
kykene täyttämään Jumalan lakia, koska
jokaisen ihmisen luonto on synnin
turmelema. Siksi me teemme syntiä, se
on, erehdyksiä ja virheitä Jumalan
tahtoa vastaan, hänen lakiaan vastaan.
Jos ihminen yrittää noudattaa Jumalan
lakia täydellisesti elämässään ja vaeltaa
hänen tahtonsa tiellä horjumatta, hän
joutuu kokemaan karvaan pettymyksen;
me teemme päivittäin syntiä Jumalan
tahtoa vastaan, tavalla tai toisella. Me
puhumme vääriä sanoja ja teemme
pahoja tekoja. Vaikka me aina toisinaan
onnistummekin noudattamaan Jumalan
tahtoa elämässämme, siitä huolimatta
me myös alituiseen epäonnistumme
Jumalan lain täyttämisessä. On totta,

että kaikki synnit eivät ole yhtä vakavia.
On olemassa raskaampia syntejä ja
myös vähemmän raskaita. Kuitenkin
synti erottaa meidät Jumalasta, olipa
kyseessä suuri tai pieni synti. Rikos on
aina rikos, synti on aina synti, siitä ei
pääse mihinkään.

Mikä voisi auttaa meitä tässä
tilanteessa? Mistä löytyy lääke tähän
synnin hätään ja ihmisen sielun
vaivaan? Parannuskeino on olemassa:
se on Kristuksen seurakunnassa
tapahtuva rippi. Tämä lääke pitää
sisällään kaksi vaikuttavaa ainesosaa.
Niistä ensimmäinen on
synnintunnustus, jossa me tunnustamme
Jumalalle syntimme ja pyydämme niitä
anteeksi. Tämän jumalanpalveluksen
alussa oli yhteinen synnintunnustus,
johon me kaikki saimme seurakuntana
yhtyä. Tämä synnintunnustus merkitsee,
että me tunnustamme rikkoneemme
Jumalan tahtoa vastaan. Jumalan laki

vaatii meiltä ehdotonta kuulaisuutta, mutta kukaan meistä ei voi sitä saavuttaa. Siksi me emme voi muuta kuin tunnustaa Jumalalle, että olemme rikkoneet hänen lakinsa, ja pyyytää häneltä anteeksiantoa. Tämä on ripin ensimmäinen osa, synnintunnustus.

Ripissä toinen vaikuttava lääkeaines on synninpäästö, jonka saimme myös kuulla ja kokea jumalanpalveluksen alussa. Siinä Jumala antaa meille synnit anteeksi ja julistaa meidät vapaiksi synnin orjuudesta. Jumala on anteeksiantava ja rakastava taivaallinen Isä, joka tahtoo aina pitää luonaan meidät, hänen rakkaat lapsensa. Jumalan sana julistaa meille evankeliumin Jeesuksesta Kristuksesta, Jumalan Pojasta, joka on ristinsä verellä sovittanut syntimme ja ylösnousemisellaan avannut meille tien iankaikkiseen elämään. Uskon kautta me saamme omistaa Kristuksen ja sen täydellisen vanhurskauden, joka hänellä oli. Me syntiset ihmiset voimme saada osaksemme Jumalan armon vain ja ainoastaan uskomalla Jeesukseen Kristukseen, Jumalan Poikaan. *"Jos sinä suullasi tunnustat, että Jeesus on Herra, ja sydämessäsi uskot, että Jumala on herättänyt hänet kuolleista, olet pelastuva."* (Room. 10:9). Tämä on juuri se evankeliumi, se uskon sana, jota apostoli Paavali julisti.

Päivän evankeliumin lopussa Pietari kysyy Jeesukselta, montako kertaa syntejään katuvalle uskonveljelle pitäisi julistaa synninpäästö. Vastauksessaan Jeesus ilmoittaa, että Pietarin tulee tehdä niin 77 kertaa. Tämän lukuarvon suhteen kreikankielinen alkuteksti on monitulkintainen: se voidaan kääntää 77:ksi, mutta myös muodossa "seitsemänkymmentä kertaa seitsemän". Jos pitäydytään tähän jälkimmäiseen

tulkintaan, Jeesus lausuu päivän
evankeliumissa Pietarille, että tämän
pitää julistaa katuvalle synninpäästö
peräti 490 kertaa! Kuitenkaan tämän
Jeesuksen vastauksen tärkein ja
olennaisin asia ei ole tarkka lukuarvo
vaan siinä esiintyvä luku 7. Raamatussa
7 on täydellisyyden luku; jos jotain on
seitsemän tai jokin on seitsemäs, kyse
on täydellisestä joukosta tai
yksittäisestä asiasta. Hyvänä
esimerkkinä tästä on seitsenpäiväinen
viikko, joka päättyy pyhitettyyn
lepopäivään. Päivän evankeliumissa
Jeesus opettaa Pietarille syntien
anteeksiantamisen tärkeydestä; aina kun
joku pyytää syntejään anteeksi, hänelle
on aina julistettava niiden täydellinen
anteeksianto, ilman minkäänlaisia
ehtoja. Tämän käskyn on antanut
Kristus, Jumalan Poika, jumalallisella
arvovallalla. Siksi voinkin todeta, että
anteeksiantaminen on jumalallista,

koska se perustuu Jumalan käskyyn ja hänen arvovaltaansa. Voidaan todella sanoa, että "erehtyminen on inhimillistä, anteeksiantaminen jumalallista". Tämä on todellakin hieno ja paikkansapitävä lause, kuten totesin saarnani aluksi.

Tähän saarnani lopuksi nostan esiin vielä kysymyksen: Mitä päivän evankeliumi merkitsee meidän elämämme kannalta? Saarnani alussa nostin esille sen, miten me ihmiset voimme erehtyä. Me sanomme vääriä sanoja ja teemme pahoja tekoja, jotka myöhemmin kaduttavat meitä. Tällä tavoin me loukkaamme sekä Jumalaa että toisia ihmisiä, koska jokainen ihminen on Jumalan kuva. Kuitenkin Jumala on rikas armossaan ja rakkaudessaan meitä kohtaan; hän antaa aina rikkomukset anteeksi jokaiselle, joka pyytää syntejään anteeksi. Jumala armahtaa meistä jokaista, sillä me kaikki olemme syntisiä ja tarvitsemme hänen armoaan. Jumala on meille armollinen ja rakastava. Samalla tavoin myös meidän tulee olla armollisia ja rakastavia jokaista lähimmäistämme kohtaan, kaikkia ihmisiä kohtaan. Jumalan tahto on, että me osoittaisimme armoa ja rakkautta toisia ihmisiä kohtaan niin kuin Jumala on meille osoittanut. Tämä on Jumalan tahto, jota meidän tulee yrittää noudattaa. Kuitenkin me pysymme edelleen epätäydellisinä ja vajaavaisina ihmisinä, emmekä siksi kykene täyttämään Jumalan tahtoa täydellisesti tässäkään asiassa. Siksi me tarvitsemme jatkuvasti Jumalan armoa ja saamme elämässämme aina turvautua hänen isälliseen rakkauteensa. Ennen kuolemaansa ristillä Jeesus lausui: *"Isä, sinun käsiisi minä uskon henkeni."* (Luuk. 23:46). Samalla tavoin myös me saamme uskoa koko elämämme

Jumalan, taivaallisen Isämme,
armollisiin käsiin, nyt ja aina. Aamen.

3. sunnuntai helluntaista 21.6.2020
Teksti: Luuk. 19:1–10

Kenenkäs poika sinä olet? Kenen tyttöjä sinä olet? Kuka on sinun isäsi? Mikä on sinun äitisi nimi? Tämäntyyppisiä kysymyksiä moni meistä on varmasti kohdannut omassa elämässään. Vastaamalla niihin me kerromme jotain itsestämme, omasta persoonastamme ja elämästämme. Olen itse moneen otteeseen omassa elämässäni kohdannut kysymyksen: kuka on sinun isäsi, kenen poika sinä olet? Tähän vastaaminen on pohjimmiltaan oman identiteetin määrittelyä; silloin olen pyrkinyt antamaan vastauksen kysymykseen: kuka minä olen?

Tämä aihe liittyy olennaisesti päivän evankeliumiin. Siinä kerrotaan Jeesuksen kohtaamisesta Sakkeus-nimisen miehen kanssa. Kuka tämä Sakkeus sitten oli? Päivän evankeliumi pitää sisällään useita vastauksia tähän kysymykseen. Sakkeuksesta kerrotaan, että hän oli "publikaanien esimies". Uuden testamentin evankeliumeissa publikaanit mainitaan useaan otteeseen. He olivat juutalaisia virkamiehiä, jotka toimivat Rooman valtakunnan palveluksessa. Jeesuksen aikana Israelin pyhä maa oli osa Rooman valtakuntaa. Juutalaiset olivat alamaisia Rooman keisarille, jolle heidän piti maksaa veroa. Publikaanit kiertelivät juutalaisten keskuudessa, sillä he keräsivät kansalta keisarille kuuluvia verotuloja. Vaikka juutalaiset olivatkin Rooman esivallalle kuuliaisia, he vihasivat sitä yli kaiken; juutalaisille roomalaiset olivat epäjumalia palvova pakanakansa. Sen valtakunnan päänä oli keisari, ihminen, jota pidettiin jumalana. Koska publikaanit toimivat virkamiehinä Rooman esivallan palveluksessa, juutalaiset pitivät heitä

syntisinä, oman kansansa pettäjinä.
Siksi publikaaneilla oli hyvin huono
maine Jeesuksen aikana. Publikaanien
mainetta pahensi myös se tosiasia, että
monet heistä hankkivat itselleen
varallisuutta kavalasti ja petoksella; he
kiskoivat kansalta veroa enemmän kuin
Rooman esivalta oli säätänyt. Tällöin
publikaanit maksoivat Rooman
keisarille tämän vaatimat verotulot,
mutta ylimääräiset rahat he pitivät
itsellään. Tällä tavoin publikaani saattoi
hankkia itselleen suuren omaisuuden ja
tulla hyvin rikkaaksi. Päivän
evankeliumissa Sakkeuksesta sanotaan,
että hän oli "hyvin rikas" ja "syntinen
mies". Jeesuksen aikana nämä sanat
olisi yhdistetty moneen toiseenkin
publikaaniin, joten Sakkeus ei ollut
tässä suhteessa yksittäistapaus.
Sakkeuksesta on myös kerrottu, että hän
oli "pienikokoinen" mies. Hän ei
ylettynyt katsomaan Jeesusta

väkijoukon takaa, vaan kiipesi metsäviikunapuuhun nähdäkseen kunnolla. Kuitenkin tämä Sakkeus oli pienestä koostaan huolimatta veronkerääjien johtomies ja hyvin vaikutusvaltainen. Voidaan sanoa, että hän oli "pieni suuri mies" samalla tavoin kuin Ranskan keisari Napoleon omana aikanaan.

Kuka Sakkeus siis on? Päivän evankeliumissa ovat tähän mennessä tulleet vastaan sellaiset kuvaukset kuin "publikaanien esimies", "hyvin rikas", "pienikokoinen", "syntinen mies". Kuitenkin päivän evankeliumissa myös Jeesus itse vastaa tähän kysymykseen. Jeesus sanoo, että Sakkeus on "Aabrahamin poika". Miksi Jeesus sanoo näin? Mitä hän sillä tarkoittaa? Publikaanina Sakkeus oli juutalainen, kuten myös Jeesus itse ja hänen opetuslapsensa. He kuuluivat siihen kansaan, joka polveutui Aabrahamista,

israelilaisten kantaisästä. Siksi voitaisiin
ajatella, että Jeesus puhuu tässä
publikaani Sakkeuksesta Aabrahamin
fyysisenä jälkeläisensä. Kuitenkaan
tämä ei ole se ajatus, joka Jeesuksella
oli mielessään. Jeesus Kristus toi
mukanaan Jumalan uuden liiton
ihmiskunnan kanssa. Tämän uuden
liiton myötä Aabrahamin jälkeläisyys
sai aivan uudenlaisen, hengellisen
merkityksen. Uuden liiton aikana
patriarkan todellisia lapsia ovat ne,
joilla on se usko, jolla Aabraham luotti
ja turvasi Jumalaan. Apostoli Paavali
opettaa asiasta näin sanoin: *"Lupaus ja
usko kuuluvat yhteen sitä varten, että
kaikki olisi armoa. Näin lupaus on
varma ja koskee kaikkia Abrahamin
jälkeläisiä, ei vain niitä joilla on laki,
vaan myös niitä joilla on Abrahamin
usko. Hän on meidän kaikkien isä, niin
kuin on kirjoitettu: "Minä olen tehnyt
sinut monien kansojen isäksi." Tähän*

Jumalaan Abraham uskoi, häneen, joka tekee kuolleet eläviksi ja kutsuu olemattomat olemaan." (Room. 4:16–17). Tässä Paavali puhuu siitä, miten Aabrahamin oikeita jälkeläisiä ovat ne, joilla on hänen uskonsa. Sen rinnalla fyysinen jälkeläisyys ei merkitse mitään. Miksi Jeesus sanoo, että Sakkeus on Aabrahamin poika? Jeesus sanoo näin siksi, että hän näkee Sakkeuksella olevan sen uskon, joka Aabrahamilla oli. Tämä usko on syvällistä luottamista Jumalaan ja turvaamista hänen lupauksiinsa. Kun ihmisellä on sydämessään tämä usko, hän saa osakseen saman lahjan kuin Aabraham. Mikä tämä lahja on? Raamatussa sanotaan, että Aabraham *"uskoi Herraan, ja Herra luki sen hänelle vanhurskaudeksi.*" (1. Moos. 15:6). Jumalan lahja on ihmisen lukeminen vanhurskaaksi, edessään kelpaavaksi.

Raamattu todistaa myös, että Jeesus Kristus on itse Jumala. Päivän evankeliumissa publikaani Sakkeus osoittaa Jeesusta kohtaan samanlaista vieraanvaraisuutta kuin kantaisä Aabraham aikanaan osoitti Herralle tämän ilmestyessä kolmena enkelinä Mamren tammistossa. On hyvin ilmeistä, että Sakkeuksella oli usko Jeesukseen. Tämä Sakkeuksen usko myös tuotti hyviä hedelmiä, hyviä tekoja. Sakkeus lupasi antaa puolet omaisuudestaan köyhille ja maksaa nelinkertaisesti niille, joilta hän oli riistänyt rahaa. Kun Jeesus näki Sakkeuksen uskon ja siitä kasvavat hyvät teot, hän saattoi julistaa, että "Tänään on pelastus tullut tämän perheen osaksi." Publikaani Sakkeus oli osoittautunut oikeaksi Aabrahamin pojaksi, jolla oli hyviä hedelmiä tuottava usko. Tässä kävivät toteen

Jeesuksen sanat: "*Hedelmästään puu tunnetaan.*" (Matt. 12:33). Saarnan alussa puhuin siitä, miten ihmisen minäkuvaa määrittävät kysymykset tämän omasta alkuperästä. Kuka on sinun isäsi? Jos kyse on fyysisestä jälkeläisyydestä, tähän kysymykseen voi kukin meistä vastata omalla tavallaan. Mutta jos kyse onkin hengellisestä jälkeläisyydestä, vastaus on meille kaikille yhteinen. Kun me sydämestämme uskomme kolmiyhteiseen Jumalaan, me kaikki olemme Aabrahamin hengellisiä lapsia, täsmälleen samalla tavoin kuin publikaani Sakkeus päivän evankeliumissa. Kuitenkin on syytä pitää mielessä, että Jumala on kaikkien ihmisten Isä, myös kantaisä Aabrahamin. Jumala on luonut meidät kaikki, hänen me olemme ja häntä meidän tulee seurata. Raamatussa on kirjoitettuna, että "*Jumala on valo, hänessä ei ole pimeyden häivää."* (1. Joh. 1:5). Johanneksen evankeliumissa Jeesus itse sanoo näin: *"Minä olen maailman valo. Se, joka seuraa minua, ei kulje pimeässä, vaan hänellä on elämän valo."* (Joh. 8:12). Jumala on valo, Jeesus on maailman valo. Siispä: Mitä kristiilinen usko pohjimmiltaan on? Jeesuksen sanoista löytyy tähän vastaus, joka kuuluu näin: *"uskokaa valoon, jotta teistä tulisi valon lapsia."* (Joh. 12:36). Kristillinen usko on valon lapsena olemista, sen ikiaikaisen valon, jossa meillä on syntiemme anteeksiantamus ja iankaikkinen elämä. Ja se valo on Jeesus Kristus. Aamen.

2. pääsiäispäivä 13.4.2020
Teksti: Joh. 20:11–18

"*Armo teille ja rauha Jumalalta,
meidän Isältämme, ja Herralta
Jeesukselta Kristukselta!*" (1. Kor. 1:3).
Irtipäästäminen. Siinä on asia,
jonka varmasti jokainen meistä on
elämässään kokenut tavalla tai toisella.
Irtipäästämisellä tarkoitan sitä, että
ihminen joutuu vastoin tahtoaan
luopumaan jostain itselleen tärkeästä ja
rakkaasta. Erityisen voimakkaasti tämä
tulee esille silloin, kun kuolema vie
läheisen ja rakkaan ihmisen pois meidän
elämästämme. Jos meillä on etukäteen
tieto siitä, että lähimmäisemme on
sairastunut vakavasti ja tulee pian
poistumaan elämästämme, silloin me
helposti kieltäydymme uskomasta tätä
ja takerrumme lähimmäisiimme.
Ajattelemme, että pitämällä kiinni
lähimmäisistämme voisimme jotenkin

estää heitä lähtemästä pois luotamme.
Kuitenkin jokainen lähimmäisensä
menettänyt tietää omasta
kokemuksestaan, että kuolema pakottaa
meidät päästämään irti
lähimmäisistämme, vaikka kuinka
pitäisimme heistä kiinni.

Tämän irtipäästämisen oli
aikoinaan saanut kokea myös Magdalan
Maria, josta tämän päivän
evankeliumissa kerrotaan. Hän oli omin
silmin nähnyt ja todistanut, miten hänen
rakas opettajansa ja parantajansa Jeesus
Nasaretilainen naulittiin ristille, kärsi ja
kuoli, sekä lopulta haudattiin kallio-
hautaan. Kuolema oli silloin pakottanut
Marian päästämään irti Jeesuksesta ja
hänen sydämessään vallitsi suuri suru ja
tuska. Kaksi päivää myöhemmin
Magdalan Maria tuli aamuvarhaisella
käymään Jeesuksen haudalla. Hän
kuitenkin hämmästyi suuresti
huomatessaan, että suuri kivi oli

145

vieritetty syrjään haudan suulta eikä Jeesuksen ruumista enää ollut haudassa. Marialle tuli jälleen suuri suru, koska hän ajatteli jonkun varastaneen hänen Herransa ruumiin. Mutta tämä suru muuttui pian iloksi, kun Maria sai kohdalta haudalla elävän ja ylösnousseen Jeesuksen. Aluksi hän ei tosin tuntenut Jeesusta, mutta kun tämä puhutteli Mariaa nimeltä, silloin hän tunsi Herransa. Maria oli silloin ratketa ilosta ja riemusta, nähdessään Jeesuksen olevan elossa. Kuitenkin heti seuraavaksi Jeesus sanoi Marialle: "Älä koske minuun." Tämä saattaa vaikuttaa meistä varsin tylyltä puheelta sellaiselle naiselle, joka on juuri saanut kokea suuren ilon. Miksi Jeesus sanoi Marialle nämä sanat, mitä hän nillä tarkoitti?

Uuden testamentin alkuteksti on kirjoitettu kreikan kielellä. Siinä tämä Jeesuksen käsky lukee muodossa *mee muu haptuu*. Sen voi suomentaa vaihtoehtoisilla tavoilla, joko "älä koske minuun" tai sitten "älä takerru minuun". Kun Jeesuksen sanat suomennetaan muodossa "älä takerru minuun", tämä käsky näyttäytyy aivan toisessa valossa. Kun Jeesus lausui tämän käskyn Maria oli ilmeisesti kumartunut kasvoilleen maahan hänen eteensä ja ottanut käsillään kiinni Jeesuksen jaloista. Maria kumartui Jeesuksen eteen osoittaakseen Herralleen kunnioitustaan. Hän myös tarttui Jeesuksen jalkoihin, jotta tämä ei enää koskaan lähtisi hänen luotaan. Kuitenkin Jeesus tiesi, että hän ei voisi pysyä ikuisesti opetuslastensa luona. Hänen olisi aikanaan palattava taivaalliseen kotiinsa, Isänsä ja Jumalansa luokse. Siksi Jeesus lausuikin Marialle sanat "älä takerru minuun", jotta tämä ei elättelisi vääriä toiveita. Jeesus ei tahtonut salata asiaa Marialta ja puhuikin siksi avoimesti.

Jeesuksen sanat taivaaseen-
astumisestaan herättivät varmasti
Mariassa suurta ihmetystä mutta
samalla myös huolta. Olisiko hänen taas
päästettävä irti rakkaasta opettajastaan?
Merkitsisikö Jeesuksen taivaaseenmeno
samanlaista eroa kuin hänen
kuolemansa oli ollut? Marian ilo olikin
vähällä muuttua jälleen suruksi. Hän
kuitenkin teki Herran käskyn mukaan ja
meni julistamaan sanaa hänen
opetuslapsilleen.

Päivän evankeliumissa meille
kerrotaan ylösnousseen Kristuksen
kohtaamisesta, joka tapahtui
kolmantena päivänä, viikon
ensimmäisenä. Sen jälkeen Jeesus
ilmestyi kaikille opetuslapsilleen
neljänkymmenen päivän ajan ja todisti
heille olevansa elossa. Tämän ajan
jälkeen kävivät toteen Magdalan
Marialle puhutut sanat. Jeesus astui ylös
taivaaseen Isänsä ja Jumalansa luo, ja

katosi pois opetuslasten näkyvistä.
Kuitenkaan tämä Jeesuksen
taivaaseenastuminen ei merkinnyt, että
hän olisi eronnut opetuslastensa
keskuudesta. Johanneksen
evankeliumissa kerrotaan, että
kiirastorstain iltana Jeesus antoi
opetuslapsilleen tämän lupauksen:
"*Minä käännyn Isän puoleen, ja hän
antaa teille toisen puolustajan, joka on
kanssanne ikuisesti. Tämä puolustaja
on Totuuden Henki. Maailma ei voi
Henkeä saada, sillä maailma ei näe
eikä tunne häntä. Mutta te tunnette
hänet, sillä hän pysyy luonanne ja on
teissä. En minä jätä teitä orvoiksi, vaan
tulen luoksenne.*" (Joh. 14:16–18).
Tässä on suuri ja lohdullinen lupaus.
Jeesus lupasi, että hänen opetuslapsensa
saisivat taivaasta Jumalan lähettämän
Pyhän Hengen, olemaan heidän
kanssaan ikuisesti. Tässä Hengessä
Jeesus lupasi olla aina läsnä

opetuslastensa keskuudessa. Vaikka
Jeesus tiesikin palaavansa taivaaseen
Isänsä luokse, hän tulisi vielä takaisin
Pyhässä Hengessä. Siksi Jeesus sanoi
opetuslapsilleen: *"En minä jätä teitä
orvoiksi, vaan tulen luoksenne."* Tämän
Jeesuksen lupauksen Magdalan Maria ja
kaikki muut opetuslapset saivat kokea
todeksi helluntaina, kymmenen päivän
kuluttua Jeesuksen taivaaseen-
astumisesta. Silloin heihin vuodatettiin
taivaasta Jumalan Pyhä Henki,
Totuuden Henki. Jeesuksen opetuslapset
kokivat silloin ylösnousseen Herransa
läsnäolon aivan uudella, hengellisellä
tavalla.

Näistä tapahtumista on kulunut
aikaa jo lähes kaksituhatta vuotta.
Kuitenkin tämä Jeesuksen antama
lupaus koskee yhä edelleen kaikkia
niitä, jotka uskovat häneen. Kun meillä
on sydämessä usko Jeesukseen
Kristukseen, mekin saamme luvatun

Pyhän Hengen vielä tänä päivänäkin.
Tässä Hengessä itse elävä ja
ylösnoussut Kristus tulee asumaan
meidän sydämiimme, eikä koskaan jätä
meitä yksin. Tämä Jeesuksen jatkuva
läsnäolo vakuttaa meidät siitä, että
meillä on hänessä kaikkien syntiemme
anteeksiantamus. Raamattuun kirjoitettu
Jumalan laki paljastaa meille, miten
syntisiä ja kelvottomia me ihmiset
olemme Jumalan edessä. Emme voi
omin teoin koskaan tulla vanhurskaiksi,
Jumalan edessä kelpaaviksi. Siksi
Kristus on täyttänyt lain meidän
puolestamme ja kärsinyt synnin
rangaistuksen meidän edestämme.
Uskon kautta me saamme omistaa
Jumalan lahjavanhurskauden, kun
uskomme Jeesukseen Kristukseen.
*"Laki se sielun hirmuttaa, mutta Kristus
sen taas lohduttaa."* Näin kirjoitti
aikanaan Suomen uskonpuhdistaja
Mikael Agricola, tiivistäen siihen hyvin

kirkomme opetuksen laista ja
evankeliumista.

Ylösnousseessa Kristuksessa
meillä on toivo ruumiin ylösnousemuksesta ja iankaikkisesta elämästä Jumalan
yhteydessä. Kun kohtaamme Pyhässä
Hengessä ylösnouseen Herramme,
saamme olla varmat siitä, että mekin
kerran pääsemme osallisiksi kuolleiden
ylösnousemuksesta. Silloin Jumala luo
itsekullekin meistä uuden ruumiin,
kuolemattoman ja katoamattoman. Näin
me saamme elää iankaikkisesti Herran
kanssa, sekä me että kaikki läheisemme.
Silloin meidän ei enää koskaan tarvitse
päästää irti rakkaistamme, sillä
kuolemaa ei enää ole. Taivaan
valtakunnassa "*Jumala itse on heidän
luonaan, ja hän pyyhkii heidän
silmistään joka ainoan kyyneleen.*"
(Ilm. 21:3–4). Tämä elävä toivo on
meillä kaikilla kun uskomme
Herraamme Jeesukseen Kristukseen.

Apostoli Paavali on ilmaisut asian näin: *"Jos sinä suullasi tunnustat, että Jeesus on Herra, ja sydämessäsi uskot, että Jumala on herättänyt hänet kuolleista, olet pelastuva. Sydämen usko tuo vanhurskauden, suun tunnustus pelastuksen."* (Room. 10:9–10). Näin Paavali aikanaan viisaasti opetti Rooman kristityille. Ylösnoussut Vapahtaja ei koskaan jätä meitä yksin vaan on aina läsnä meidän luonamme, niin tässä maailmanajassa kuin myös tulevassa. Ja tämän kaiken todistaa meille Pyhä Henki, Totuuden Henki. Tässä Hengessä jokainen meistä näkee uskon silmillä elävän ja ylösnousseen Jeesuksen. Siksi myös me voimme täydestä sydämestä yhtyä Magdalan Marian sanoihin: *"Minä olen nähnyt Herran!"*.

Tähän saarnani loppuun lausun vielä teille apostolisen siunauksen: *"Herran Jeesuksen Kristuksen armo ja*

Jumalan rakkaus ja Pyhän Hengen osallisuus olkoon kaikkien teidän kanssanne." (2. Kor. 13:13). Aamen.